緣來，我愛你

遇見值得被愛的自己

紫嚴導師 著

目錄

第二章

目　錄

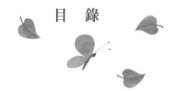

第三章

在不同人情關係中，遇見自己 164

目錄

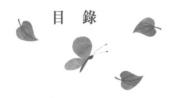

推薦序

緣來，我愛你

知名作家／廣告創意人　**李欣頻**

二〇一七年九月二十六日晚上，終於一口氣看完了紫嚴導師的第三本新書稿《緣來，我愛你》。闔上劃了滿滿紅線書稿的一剎那，眼前突來一大片刺眼的白光，覆蓋著我眼前的每一個事物，像是一場光的海嘯，薄薄地鋪滿並置換了我原來的生活，瞬間我也變成了另一個版本的自己——原來書真的能攜帶作者的能量場啊，而你們此時此刻也正在打開這本書的愛的場域，等你們看完，你們也能感覺到！

這本書裡面許多故事都很驚人，因為全都是跨時空維度、跨生死輪迴的視野，所以在看的時候，有一種「演員在讀自己正在上演劇本」的奇妙感覺，這奇妙既是新鮮也是一種醒悟。也可以說，《緣來，我愛你》其實不是一本書，而是一趟你從未有過的心靈高空飛行：有時會被棒喝的雲襲中，有時會被開悟的陽光穿透，有時會被地表上情緒糾葛的故事吸引……沒有事先的旅遊指南與行前說明，只要你放開頭腦的框架束縛，隨心所至都是感動滿懷的目的地！

忍不住想偷偷告訴你們：人生的所有各式考題，這本書都在洩題，而且連案例、解答都寫好了，攻無不克！那是因為紫嚴導師是位真實走在人間、幫助過數十萬人的實修實踐者，他的愛與慈悲，如同他內外兼修的功力一樣高遠無邊。所以這本書中密密地織滿了緣與愛的細線，只要你把心與眼打開，你就觸碰得到！

謝謝紫嚴導師寫出這麼多重要的啟示、以及發人深省的真實故事，為我們省下數十年人生鬼打牆的迷茫黑暗期，也讓我們看到此生相聚的難得因緣——願每一位打開《緣來，我愛你》的你們都開始珍愛自己、溫暖身邊的每一個人，這個世界因為有紫嚴導師所以美好，也因為有你們所以「緣滿」！

推薦序

在「愛」中圓滿人情關係，邁向幸福人生

知名作家 **張德芬**

收到紫嚴導師第三本新書，迫不及待的展開閱讀。和紫嚴導師相識一段時間了，幾次餐敘都相談甚歡，我自始至終都覺得他是一個非常「神奇」的高人，加上年輕有為又正派，所以在我心目中占有非常崇高的地位。這次看了稿件之後更是讓我折服。身為一名作家，我很清楚知道作者寫作的種種技巧：文筆、流暢度甚至內心和讀者的親近程度。紫嚴導師的第三本新書，無論是在寫作技巧、文筆、和讀者的能量交流方面，都比第一本書有不可同日而語的改變。

各位不要誤會了，導師的第一本書寫得非常好，我每次讀完以後都覺得身心受

到了洗禮，尤其喜歡裡面各種谷神心法的練習，還錄音下來放在我的公眾微信號和大家分享。但是這一本書，我覺得他儼然已經是一名非常成熟的優秀作家了，不但文字技巧運用得巧妙，辭藻開始多樣華麗，行雲流水的文字中感情豐富流露，還會吊讀者胃口，留下伏筆，埋下佈局，讓拿起來看的人都會捨不得放下而只想一口氣把它讀完。我甚至覺得，本書比較像一位女性作家的作品，因為情感描寫得太細膩了，而字裡行間傳出的慈悲和愛，更會像暖流一樣，在閱讀過程中濕潤你的雙眼。

太！棒！了！

在開宗明義中，導師就指出生命的最高價值是「無愧於心，真愛他人」，而第二個至高價值就是「圓滿人情關係」，這真是為當前迷亂的俗世指出了清楚的康莊大道。他說，「90%的人，大多把目光聚焦在『尚未達成的目標』上，在外追逐。等想要的目標一一達成後，會出現兩種心態：一種是不甘願失去這一切，臨終時會更捨不得離開世間；另一種人則是覺得人生到頭來也不過如此，並對此感到乏味不已。著手去完成自己深層靈魂的期待，才是最具意義和價值的。」

他的剖析是真正醍醐灌頂的！也許這些道理人人明白、大家都聽過，但是導師的巧妙就是他在書中用了很多實際的案例，讓大家隨著活靈活現的書中人物不自覺的進入他們的世界，並且對號入座、感同身受的去經歷他們的故事，其中民宿夫妻的那一段也頗令人感慨。多少不幸福的婚姻，其實當事人只要各退一步，甚至仔細衡量估算一下分手之後兩個人的境況，可能都會再三思量一下了。這對夫妻非常幸運，有點像很賣座的大陸電影《夏洛特煩惱》的主角一樣，做了一場黃粱一夢，看到了分手之後的悲慘結局，決定改寫自己的人生劇本，獲得圓滿的幸福。

這本書的主題既然是「愛」，當然不可能只限於男女之間的情愛、親密，而是包括了親子關係、父母關係，還有更重要的——與自己的關係。一個又一個的故事和案例，帶出了大多數人都會面臨的問題：和孩子溝通不良，與父母關係不睦，與伴侶爭執不休，而原本最該親近的自己，卻是最熟悉的陌生人。本書又出現了我最喜歡的

「谷神心法」，有絕對落地而且實際可以上手操作的各種方法，讓讀者在日常生活當中就可以修練。

其中導師提出的「靜默觀照」就是一門絕活。但是他沒有明說，要能夠精通這個技巧，除了他書中說的各種方法之外，還需要我們有靜坐冥想的能力（其實這是導師一直在教授和鼓勵的）。否則，就如書中所述，我們的「後天意識」永遠會獨占鰲頭的控制我們，因為如果不經由特意的練習，我們的覺知力量是不夠強大去勝過自己的習性的。

最後以本書中最精華的一句總結來和大家結緣：

「人的一生只是一趟經歷和體驗之旅，重點在於：活著的時候能否把握跟珍惜每一分秒。離開人間唯一能帶走的只有業力，也就是『生前的心念和行為』，其餘的東西全都無法帶走。」這本書真的是「開卷有益」，讀完不但幫我們理清楚了所有的

作者序

解開緣分課題，尋回最愛的自己

喜獲麟兒的新手媽媽，體驗到初為人母的幸福；被摟在懷裡的嬰兒，親密依偎在母親身上，小鼻子微微顫動，嗅著自出生以來最熟悉的味道，露出安心滿足的笑容，片刻都無法離開這個全世界最安全的避風港。母親透過體溫讓孩子感受到：「寶貝有我在，不用害怕。」的堅定溫暖，凝視著心肝寶貝的稚嫩小臉、輕輕握拳的小手，嘴角不自覺上揚，感動於這個小生命的來臨，周圍空氣更無處不充滿著「摯愛」的溫馨氣息……深愛彼此、不離不棄的允諾，就由此刻開始。

你，是否還記得襁褓之年曾被如此悉心呵護過？又能否憶起孩童時期牙牙學語、蹣跚學步的自己？親愛的，生命是一趟漫長旅程，從兒時到長大成年，所有過往的美好記憶其實從未消逝，而是深埋於心默默感動著：原來，我們是這般被疼愛珍惜過。

這是我的第三本著作，由首本《轉運造命之道》探索前世今生未完成學分，藉由心念轉化，跳脫人生困境開創命運新局開始，到前一本《緣來，就是你》解開關於緣分種種疑惑，找回面對各種人情關係的智慧及勇氣後，本書延續《緣來，就是你》的緣分主軸更深入一層剖析：既然是緣分牽引彼此相遇，其源頭無非是「愛」造化了今生劇情，但為何在錯綜曲折的際遇和相處中，我們卻遺忘了最重要的愛？又是什麼原因，讓一幅和諧美好的關係構圖失去平衡、支離破碎，成了愛恨糾結的複雜申論題？而我們，究竟該如何穿越難解的關係挫折，尋回最初始純粹的愛？

千迴百轉的緣分課題，將透過書中真實案例，觸發你起身探尋內心積壓已久的癥結。除非能清楚觀察到我們正「反覆」陷入討厭自己的密閉空間裡，才有機會敞開深鎖已久的門窗，走出戶外，自由無懼地呼吸；唯有掀開塵封的「情緒面紗」，才會赫然驚覺：原來，一切的遭遇與對待全都是因為「愛」。在關係中促使人們閉上雙眼，以怨懟、鄙視、迴避、冷漠回應的真正元凶，竟是一連串的「誤會」和「無知」，讓我們一次次錯失付出愛的機會。難道，我們只能繼續將愛禁錮，將失落遺憾及未解課題留至下一世，重新再來一回？何不在今生就打開心門、勇敢去愛，讓此生圓滿無悔？

每個人，都是歷經久遠時空來到今生的古老靈魂。前世猶如嬰兒時期的我們，雖然現在難以追憶起上輩子所發生的種種，但卻會在今生再次遇見相約而來的珍貴緣分，不辭辛勞、千里迢迢地走入我們的生命，繼續譜寫未完待續的劇情。

今生，我靜候著有緣人到來，再續前緣；而這本書，亦靜默等待著你的前來。一本書如果沒有讀者翻閱，終究只是一疊裁切裝訂好的紙張，毫無生命及價值可言。當書頁開啟，我所撰寫的文字與你的心相會交集的那一刻，愛，將自此重新甦醒。一份冥冥中注定的機緣牽引，讓你我經由文字再一次相遇，期盼能帶著迷惘的你穿梭書中內容場景，喚醒沉睡已久的心靈，並透過「緣」滿小叮嚀及「谷神心法」練習，引領你從中了解自己、觸發蛻變，找回原有自信和重啟幸福的能力。

我的文筆沒有華麗辭藻襯托，只憑藉一顆真心將文字轉化為一股力量。若你願意靜下心來、不跳躍章節閱讀，不只是用眼睛隨意瀏覽，也不以既有認知理解其中意義，而是單純用一顆「心」去專注感受書裡的字字句句，心底的細微意識必然會產生化學反應，隨著章節進行，逐一為你鬆綁被拘禁已久的愛，重拾對生命的熱情。你將發現：圓滿一生的「人情關係」比起獲得物質、名利反而更加踏實。最後，更希望你懂得接納並回首愛上等候已久、最值得被愛的自己，在愛中自在遨遊。我，是如此深切盼望著……

我的愛，一直都在，未曾離開……

摯愛的你，請讓隱藏在心中的愛重新萌芽、開枝散葉，在今生旅途中完成彼此，不虛此行……

——紫巖

前章

相約再來，不見不散

重遊人間，無非是帶著一份「愛」再度前來，

因為，一切未完待續……

輪迴，是靈魂長途跋涉的一段漫漫旅程，其中觸動我們再次回到人世間重遊的目的，則是因為「愛」。倘若人間的一世代表一天，生死對於靈魂來說，如同經歷一次睡眠過後又甦醒一般司空見慣，唯一不變的是始終存在於靈魂深處那份愛的初衷，等待你我在每一世經歷中領會感受，體驗生命的恆常之美，並在給予付出愛的同時，圓滿他人也愈加深愛自己，重拾生命最珍貴無價的幸福。

前世，我是一位中醫師，累積多年執業經歷，在各界支持下略有名氣，平日奔波於所在的城鎮及鄰近村莊兩地看診，並擁有十二名弟子。在行醫多年的歷程裡，每多深入了解一位病患，我的內心就多增添一份無奈感受，深刻體會到身體的疾病多半由「心」而生，因喜怒哀樂情緒失調導致五臟虛損內耗，進而衍生出各種病痛，要根治勢必得從「醫心」著手，可惜當時的我竭盡所能仍遍尋不著方法，只能將這份體認默默深埋心中。

而後，在冥冥機緣造化下，我終於在乾隆四十四年榴月某日剎那間理解到：「**世**

人過度著重於外界眼光，長期忽視內心平和，才是引發身體問題的病灶所在。」這靈光乍現的體悟頓時令我豁然開朗，身心隨即進入一片悠然寂靜狀態，事後我和弟子們分享這份喜悅，也開始逐步翻轉我的人生。

乾隆四十五年，一股嚮往內心自在的力量應運而生，開始學習禪坐、研讀道家經典，並在每一季號召熱心公益的仕紳鄉民，舉辦募資捐助活動，凝聚許多善心人士前來共襄盛舉，原本貧瘠的心田也在一次次付出中變得愈來愈富饒豐盛。投身於善行，帶給我無比的心安愉悅，更領略到：「人生真諦，並非在物質世界獲得滿足，而是真誠分享自己所擁有的。」

乾隆五十年春節過後，大清王朝管轄的部分地區陸續傳出天災，我所居住的城鎮則受到旱災影響，部分貧民挨餓受苦僅能啃食樹皮維生。有鑑於此，我將原本每季舉辦一次的公益活動改為持續募集，並和弟子們積極規劃時間、路線，將糧食分送給受災民眾，盡力以有限資源給予最大協助。過程中，許多善心人士不畏日曬雨淋穿梭在險峻的山間小道，汗流浹背同心協力，與我一起推著載有糧米的沉重推車跋山涉水、克服困境，只為了一一慰問災民，並親手將糧食交送到他們手中。

親眼目睹這一切，我多次為此掉下感動的眼淚，不由得心想：「究竟是什麼力量讓這些人願意無私付出，關懷著非親非故的貧民？」當下更即刻頓悟到：「**付出愛的過程中，必然依存著挫折，無非是要讓人們勇於跨越每一次撞擊，進而尋覓到真愛。挫折，襯托出了愛的珍貴，更是人生必經之路。**」而一份無愧於心的真愛，也是我終其一生傾力追尋、希望達成的目標，並將其實踐在我所生活的環境裡，更從中發現每個人心中其實都流動著相同的愛，所有的付出，全都是出於自然至誠的體現。

乾隆五十二年杪月，或許是積勞成疾的關係，我罹患了現代人稱之為「肺炎」的疾病。因高燒不退、全身無力倒臥於病榻上的我，一夕之間從醫者角色轉換為病人。與我相交多年的友人、地方人士及醫治過的病患紛紛前來關心，期盼我能早日康復，繼續帶領眾人傳遞溫暖善愛，但事情的發展卻不如預期……發病後第十三天夜裡，我的大弟子和寶及另一位弟子誠浩來到房內，奉上熬製好的湯藥，並攙扶我起身飲用後，與我展開了臨別前的長談。

對我的病況擔憂不已的和寶，焦急地說道：「師父，您務必要趕緊康復，大夥兒正等著您帶領大家繼續傳愛啊！」

誠浩誠懇地接著說：「是啊！師父，全鎮的人都很需要您。」

我虛弱地回覆：「生命無常，天有定數。」

和寶語帶堅定說：「不！我已經為師父選用上等藥材並精心熬煮，必定會順利康復的！」

我淡然地說：「生命長短並不重要，能否尋覓到『無上價值』才是最難能可貴之處。」

誠浩問：「師父，您所謂的『無上價值』指的是什麼呢？」

我緩緩地說：「**世間人認為擁有金銀珠寶、名利享受才稱得上是價值，其實能夠無愧於心、真愛他人，才是真正的無上價值。**」

和寶贊同地說：「師父說得對！名利珠寶在離世之後全都帶不走，徒留遺憾，但師父所說的價值卻是能夠帶得走且讓人心安理得的。」

我說：「對。另外還有**『圓滿人情關係』，是生命第二個至高價值**。」

誠浩有些驚訝地問：「人情關係？師父指的是阿諛奉承眾人嗎？但您從沒這麼做過呀?!」

我吃力地抬起手，再指著自己的胸口說：「不，是打從這顆心開始做起。」

誠浩恍然大悟說：「弟子明白了！是懷抱真誠對待來到生命中的每一個人。」

我讚賞地說：「很好！」

此時，和寶不解地問：「師父，這樣做的話有什麼好處可言呢？」

我答：「寶藏深埋於心，當我以真心付出圓融關係的同時，也順勢開啟了放置在內心的寶盒。他人舒坦，我也開心，你說這值不值得呢？」

和寶點點頭說：「原來如此！買一送一，好一個划算的交易！」

誠浩轉頭對和寶說：「和寶你誤會了，師父指的不是交易，而是真誠地交集。」

我讚美誠浩說：「誠浩，你雖然不是我的大弟子，卻是我所有弟子中智慧第一的首選。」

話一說完，只見和寶慚愧地低下頭說：「我只有承襲了醫術及效法您的宅心仁厚，其他部分猶如空無一物的布袋，實在有枉師父多年的教誨……」

我對和寶說：「用『心』聽我說，不能只用耳朵。」

誠浩在一旁解釋道：「和寶，師父的意思是要心領神會。」

和寶點了點頭，又問：「師父，圓了人情關係，難道不會矮人一截嗎？」

我答：「在乎世俗眼光並以此為價值的人看來，必然覺得這樣做會比他人矮上一截，但存放在心底的東西才是真正屬於自己的，這好比花出去的錢財是他人的，存在口袋中的是自己的一樣；倘若願意更進一步將錢財無私運用在濟助貧民上，便會成為心裡的財富。」

和寶理解地說：「師父說得是，在心底的才最為要緊。」

誠浩應和我說：「吃喝玩樂帶來的愉悅，無一不是心的感受，但心容易因此沉溺、出現曲解，所以只要治好了心，感受就會跟著變得正常多了！」

我說：「正是如此！」

和寶讚賞地說：「誠浩果真是我們這些弟子中的智慧第一人選！」

緊接著，我對和寶與誠浩說：「我有預感，再過幾日我就會離開人間，你們得有心理準備。」

兩人聽完我說的話頓時慌張了起來，立刻屈膝跪在地上，異口同聲說：「師父，您不能離開我們啊！」

我說：「世間萬物皆有時，但我會再來人間。」

和寶訝異地問：「師父，您會再來？」

誠浩也向我問道：「再來？」

我點了點頭，回答說：「對。今生我太晚發現『心』是萬法宗師這件事，所以下一世想再來圓滿這一切。」

和寶不知所措地說：「這……」

我接著說：「來生，我想繼續陪伴大家，找回遺失已久的心安自在。」

和寶激動地說：「不行！師父您不能走啊！」

誠浩雖然難過，卻還是沉穩地問道：「師父，那在來生我們要如何知道所遇之人是您投胎轉世呢？」

我答：「莫擔心，緣分會在冥冥之中牽引。依因果律說及今生作為來看，敬神者來生必定相貌端正、挺拔聰智，你們若要尋覓我應當不難。」

和寶擔憂地問：「師父，萬一我們找不著您該怎麼辦呢？」

我語帶肯定說：「相約來生，必定相遇，因果正是如此。」

誠浩滿懷希望地說：「是的！佛經上的確是如此記載，師父與我們在來生必定會再相見！」

和寶依舊不捨地說：「不！師父您不能走！」

誠浩則坦然說道：「師父，願您一路好走。」

聽誠浩這麼一說，和寶驚訝得睜大雙眼瞪著誠浩說：「誠浩，你是吃了熊心豹子膽嗎？竟敢大逆不道詛咒師父離世?!」

只見誠浩直率地回應和寶：「尊師重道，生死只是一種名相，我心早已有所依歸，一日為師終身為父，將來不管到哪都是如此。」

我感動地面露微笑，對他們兩人說：「放心，我允諾你們，來世必定再見。」

此時，和寶掉下入門多年來我從未見過的眼淚，苦苦跪求說：「師父拜託！別走！我們需要您！」

我以關愛的眼神望著和寶，對他說道：「和寶，你這樣子不是敬愛而是依賴，當我走了，你們才會一個個長大成熟啊！」

見和寶依舊淚流不止，我強忍住心中不捨，轉而正色繼續對兩人說：「明日召集所有弟子前來，一同將我傳授予你們的醫術重新記錄彙整。」

當晚，睡夢中突然出現一個異象，讓我更加確認自己的時日已經不多。

隔天我的病情依然不見好轉，在第十四日午時閉目沉思時離開人間，隨即出生天界，遠眺眾人為我的身後事奔波，忙進忙出。陣陣傷心哀號聲中，無人知曉我已在天上注視著人間發生的一切，但我只能在遠方給予祝福，心想：「別遺忘了我們彼此的約定，一定會再相見！」無論如何，我是這麼期望著……

第一章

「愛」，再次引領你我來到今生

輪迴，引領我們重新體驗人生，

在這種種關係交織而成的迷霧叢林裡，

是「愛」帶著你我再次前來，為的是要讓彼此拾回對生命的熱愛。

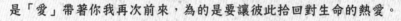

久別重逢，再續未完的「曾經」

你，曾是我最放不下心的。今生，我將重回到你周遭，也許是陪伴，也許是等待，抑或是在遠處守望、默默祝福。一份約定，讓我再次把「愛」帶回你身邊。

交錯聳立的參天高樓，棋盤似的街道上，穿梭著熙來攘往的人群。現代都市到了夜晚依舊燈火通明，生活型態有別於古代社會日出而作、日入而息。結束了前一世，歷經歲月時空變化、物換星移，我們一同來到繁華現代，不同的身軀卻乘載了相同的靈魂。現在的我們，看似擁有獨立自由意識及不同人格特質，事實上，前世的記憶始終未曾消逝，反而持續累積連結至今生，成為生命中的一個巧合、一股莫名的熟悉信任，或是特定的喜好和驅使人作出選擇、達成目標的某種動力，並幻化成一幕幕真實際遇，讓前世的那些「曾經」，順理成章地再次進入你我現今存在的世界裡。

結束了上一世，我在臨終前夕，過往的種種湧上心頭歷歷在目，當中有歡笑、喜樂、哀愁……雖然心中百感交集，但我卻是如此踏實無憾地活過了這一生。在前世行醫多年的中醫師生涯裡，我深刻體悟到：世人多數的身體病痛，無非是反映出內心折磨已久的心靈樣貌，也讓我有了「醫身容易醫心難」的感慨。所以，我再次回到這裡，始終記得那銘心鏤骨的心願：「我，會再來人世間是一場約定。倘若緣分讓我們能夠再次相遇，希望你願意毫不遲疑地伸出雙手，讓我可以緊緊拉住你、幫助你，再一次領受生命最真實的幸福與溫度。」懷抱著這份期待，我更與前世有緣、立下誓約的眾人，在上一本著作《緣來，就是你》的新書發表會現場重逢相遇，觸動了埋藏在靈魂深處的那些「曾經」……

二〇一六年十二月十日下午，《緣來，就是你》的新書發表會在台北國際會議中心舉行。接近預定開場時間前，活動統籌人緊急回報：「報告導師，目前場內人數統計超過一千三百人，第二次機動增加的座位也已全數額滿，其餘來賓只能站在會場外圍，並有書友陸續進場中，請問是否還是準時開始？」

我肯定地點頭回答說：「請準時開始，謝謝！」

此時，活動嘉賓手捧精緻花束前來休息室向我道賀，接著，我們一同與出版社主編敘舊一會兒之後，便進入場內就座。

在主持人開場介紹及全場來賓的鼓掌聲中，與會嘉賓陸續上台致詞。人山人海的會場內，我坐在台下第一排正中央位置靜靜聆聽，隨著致詞進行，細細感受現場動人氛圍，頓時，腦海閃過一幕幕前世的不同場景，是如此歷歷在目且刻骨銘心。

從前世來到今生，所有能夠相遇的人事物，都存在冥冥中的「注定」，在浩瀚無垠的宇宙間，在茫茫無際的人海中，等待著對的時間點再次交會重逢。當再度相遇的剎那，「緣分」喚醒了一份熟悉感、一股難以言喻的默契與信任，無形之中引領我們邁向此生的嶄新旅程，譜寫出下一章的情節。

每個故事，總有個「開端」，而這個開端，指的就是「緣分」，牽動著萬事萬物時而交集、時而錯過的劇情，接續上演著前世未完成的一切。猶如再次開拍的電影續集，只是走入另一個時空場景，雖然扮演的角色不同，卻是由同樣的演員參與演出一般，這，正是所謂的「緣分，未完待續」……

「現在，讓我們用最熱烈的掌聲，邀請本書作者——玉清道院創辦人暨道家人文協會理事長紫嚴導師！」主持人的介紹與此起彼落的掌聲，頓時驚動我迅速回神，意識到接下來該由我上台致詞了。

踏上台階，我接過工作人員遞來的麥克風，隨後站定舞台中央，由左至右環顧場中擁擠的人群，不由得輕抿雙唇、心懷感謝露出微笑，因為，眼前所見的一切和《緣來，就是你》書中曾經描述過萬人在天界齊聚一堂，相約要與我一起再次投生入世的畫面是如此相似〔註1〕，人數雖有落差，卻仍舊令我感動不已。

放眼望去，台下有著相識已久的信眾，有些雖是未曾謀面的讀者，臉孔看似陌生，但在前世卻曾經與我有過深厚交情，經由新書發表會的舉辦，凝聚這些得來不易的緣分，讓我們今生再次相見。整場演講，唯有我無法抽離那一幕「曾經」，更讓我確信，**過往熟悉的人事物會再次相約、相聚，今生所有的相遇，都是久別重逢。**

雖然前世的軌跡已不可尋，但每個人來到這個世界，就注定朝圓滿的方向邁進，藉由相遇重逢，重新經歷及再一次體驗，將過去遺憾、缺陷與尚待圓滿的部分補全，完成彼此的約定，讓生命愈加豐盛完整。在人生旅途中，無論是順境或逆境、喜悅或悲傷、擁有或失去，當中，都潛藏著「愛」，等待你用心去發掘、開啟。即使偶爾會伴隨失望、挫折、悔恨的淚水，都不過是漫漫人生際遇的一段過程，一份觸發你成長和蛻變的禮物，歷經累世的洗禮後，最終走向圓滿。

如今，我們又再一次相見，是「愛」，牽引你我再次回到這裡。也許你已遺忘前世與我有關的種種，但這一切卻仍存在於你的意識深處，未曾抹滅。透過輪迴再次相遇，希望你能夠更加倍深愛自己、珍惜所有。今生，多麼期盼你能把握當下每一刻，用愛圓滿每一段難能可貴的緣分。也許，有些緣分不是生命中最美的，但卻都是獨一無二的。還記得發表會當天，在場的每一位流下了那最溫馨感動的眼淚，而我，更由衷感謝上天，能讓我再次遇見……曾經有緣的「你」。

〔註1〕：《緣來，就是你》第一章「乘心願而來，重回世間傳愛」，P71－P77，方智出版社。

資源回收場意外拾獲的一本書

再次相遇，就是一種緣分。哪怕只是匆匆地一眼回眸，也蘊藏著久遠前世的種種，注定了未來將相互交集的人生。

不起眼的松樹種子埋入土壤，靜待歲月累積，未來，勢必形成茂盛的樹林。似風吹拂、看似不經意的緣分走入生命，經過時間催化，也終將成為你今生最美的「經歷」與「體悟」。在這世界上，某些人讓你一見如故，有些人讓你感嘆相見恨晚，然而這些相遇的背後皆存在某種注定與安排，平凡中潛藏著不凡，恰似誤會卻是驚喜，如同我即將敘述的真實案例。緣分，將為你揭示一段「開始」的序幕，而後順勢展開一連串「交集」，等待我們親身尋覓那把轉動幸福的鑰匙，為自己開啟通往心安喜悅的大門。

資源回收場，是一個大家都不陌生的地方。也許，對你來說這是個雜亂、臭氣沖天，路過時會想要遠離迴避的場所，但我卻在這裡，開啟了一段注定且奇妙的緣分。

幾乎全年無休的日子裡，二〇一六年接近尾聲前，有別於以往滿檔一刻不得閒的行程，助理特別安排我休假一天，在行事曆上用螢光筆將「導師住所整頓日」的文字劃線備註，還別具巧思加上一對掃把和畚箕圖案的插畫。翻到此頁時，我忍不住會心一笑，心想難得有這麼輕鬆的行程。

當天早上七點，我換上打掃服裝、捲起袖子，準備一鼓作氣開始打掃住家。歷經一番清理整頓後，家中環境變得煥然一新，也同時整理出許多舊紙箱、筆記手稿等紙類物品。蒐集歸類後，我隨即把它們載往私人資源回收場進行回收。

來到用鐵皮圍牆搭建而成的回收場，四周堆砌著約莫有兩三層樓高的廢紙箱及各類回收物。老闆娘一見我踏入門口，便招呼我把帶來的物品放到磅秤上秤重。秤完重後，老闆娘有些猶豫地說：「依照重量計價，可以給你27元，那……就算你整數30元吧。」

我客氣地說：「不用給我費用，響應環保是舉手之勞。」

聽我這麼說，老闆娘反倒有點訝異：「你不收錢嗎?!不然這裡有一些舊的書刊雜誌，看你文質彬彬應該是個讀書人，自己隨便挑幾本回去，當作以物換物好了。」

老闆娘邊說邊用手指向左後方區域，那裡擺放著許多捆綁成堆的舊書報。放眼望去，多半是漫畫、雜誌、報紙等刊物，因此我向她搖手表示無意拿取。然而，正當準備轉身走出資源回收場時，心中卻突然閃現剛剛瞥見的一景：某捆書堆裡，有一本微露邊角的書，獨特的漸層色多麼似曾相識……讓我不由得停下腳步，返回書堆前再次確認。

我詢問老闆娘說：「不好意思，這一捆舊書的第二本，可以送給我嗎？」

老闆娘乾脆地答道：「好！我幫你把尼龍繩解開，你拿回去看吧！」

當她剪開繩子、移開最上方第一本書的同時，赫然見到的竟是我剛出版沒多久的新書《緣來，就是你》。接下老闆娘遞來的書，頓時令我啞口無言，陷入沉思好一陣子……這本書的封面和手中感受到的厚度是多麼熟悉，腦海更浮現出版社主編多次對我報喜道賀說：「這本書非常熱銷，好評不斷緊急再刷又再刷，上市未滿一個月已經突破九刷的驚人印量！」助理前幾天也才向我口頭報告過，此書名列博客來網站熱門搜尋關鍵字，並且超過萬人按讚分享。凡此種種，讓我不禁疑惑著：「一本好好的書，怎麼淪落到被資源回收的命運？這是我花了許久時間、不惜連日熬夜親自用心撰寫，真實而不虛構的誠懇著作，如今再次重逢，竟然是在這裡?!」

老闆娘見我發呆許久，忍不住關切問道：「你還好嗎？怎麼臉色這麼蒼白？是這一本沒錯吧？」

我回過神來，勉強擠出笑容回答說：「是的！聽說這本書很暢銷，這麼巧不用到書局購買就能在這裡換到，真的很難得。謝謝您！我只要這一本。」

老闆娘笑笑地說：「這裡的書還多著呢，有需要的話，你可以繼續隨便挑。」

緊握著手中的書，我對老闆娘點頭致意後便朝資源回收場的大門走去。不過短短三十幾公尺距離，踏出的每一步對我來說，卻是格外沉重且五味雜陳。即便平時能識因懂緣，仍對冥冥中注定的際遇感到驚嘆不已……

偶遇未曾謀面讀者的「另類簽書會」

踏著沉甸甸的步伐出了大門，盤據在心中的疑惑雲霧仍未消散。走到回收場的鐵皮外牆時，忍不住再次查看封面確認，這才願意相信不是因為過去一年行程勞累所產生的幻覺。

定下心來仔細檢視之後，發現書封上滿布摺痕，由此推測，應是書本主人經常重複翻閱累積的痕跡。被勾起好奇心想一探究竟的我，索性站定牆邊開始翻閱，赫然發現內頁字裡行間和留白處，密密麻麻寫滿標註、重點、提示和心得，有括弧、虛線、解釋及標記色帶，在在記錄著讀者細心閱讀的過程，不禁更令我感到狐疑：「既然如此，為什麼要把書送來回收？」

目不轉睛地繼續翻閱，許多重點心得讓我看到入神，頻頻點頭，像是遇到知音般讚賞肯定這位讀者。書中的註記，將內容精準劃分為四個層次，並用四種顏色的筆寫下各個層次觀點見解，我儼然像個學校老師檢查考卷般仔細核對，更令我讚嘆的是，這位素未謀面的讀者，竟然能解讀出一般人認為最不起眼，但其實是我暗藏在文句中，最希望給予及傳遞的隱藏版重點。

一直專注研讀不知過了多久，突然間，自遠方傳來一陣急促聲響，打斷我繼續翻閱的動作。循聲望去，只見一名裝扮時尚的女士，腳踩細跟高跟鞋，騎乘掛有菜籃的摩托車緊急剎車停在回收場門口，慌張地脱下安全帽隨手放置在坐墊上，等不及將車子熄火，便匆忙跑進回收場裡對著老闆娘高聲呼喊。站在鐵皮圍牆外的我，正好能清晰聽見兩人之間的對話。

女士急躁地說：「老闆娘，我的書還在嗎？」

老闆娘疑惑地問：「妳要找什麼書？」

女士說：「就是我今天早上拿來賣的書，用繩子繫好的那兩小疊。」

老闆娘恍然大悟地說：「喔，那兩疊啊！我剛剛才把綁起來的繩子剪開，妳去看看書有沒有在那裡面。」

女士驚慌地說：「怎麼被剪開了?! 我要找的是一本很重要的書耶！」

老闆娘不滿被質疑，語氣有點變差回話說：「小姐，妳拿書來賣，錢我也換給妳了，為什麼不能剪開? 如果那本書這麼重要妳還賣掉，不是很奇怪嗎？」

女士焦急地說：「我中午翻遍家中書架就是找不到那本書，怕自己不小心把它跟著舊書一起回收了，才來確認書是不是在這裡。」

聽女士這麼一說，老闆娘忍不住好奇地問：「是什麼重要的書？」

女士急切地回答：「《緣來，就是你》！那本書，讓我下定決心打消跟先生離婚的念頭，決定要認真面對、正視家庭，更讓我感受到珍惜原來是一種幸福，妳說那本書重不重要?!」

老闆娘一時間沒搞清楚女士說的是書名，誤以為自己被質詢，語氣變得更不耐煩：「什麼原來就是妳？把書拿來賣找不到還怪說原來就是我，妳自己慢慢找吧！」

待在圍牆外的我，得知事情始末後，便拿出隨身攜帶的原子筆和便利貼，寫下「作者親簽」四個字黏貼在書封上，並在內頁為她簽名。此時，裡頭傳來女士邊翻找書邊抱怨的聲音：「應該在這一疊裡面才對，怎麼會沒有?!」

老闆娘煩躁地回說：「我哪知道！妳問我那我要問誰？」

聽完她們的對話，我心想：「既然她如此用心閱讀這本書，甚至願意放棄離婚好好面對家庭，趁現在把書交還她吧！」於是悄悄地走到尚未熄火的摩托車旁，將書放進菜籃裡，而後順勢往回收場望去，老闆娘仍一臉不悅，女士也還彎著腰在書堆裡心急如焚地翻找著。我凝望著那位女士，並在內心真誠祝福她：「今生勇敢完成自己、圓滿家庭吧！」

緣分，巧妙地為我和這位讀者安排了一場出人意料、別開生面的另類簽書會。有時，生命中的某些遭遇不禁讓人思索：「到底是巧合還是意外？」其實，一切事物的發生絕非純屬巧合，更沒有出乎意外，必然是冥冥中的安排。這些發生，絕不會是「與你無關」，而世上所有的相遇也從未有「錯」的人，一切，皆是緣分的造化。

你是否也曾有過不期而遇的經歷？抑或是第一眼見到素昧平生的對方，就有似曾相識的感覺？這些，都與久遠前世的歷程有關。接下來，讓我們一同洞悉緣分究竟是如何產生、變化，又該如何去創造屬於自己的未來。

緣分走入生命，同步開啟了相遇與課題

緣分，如煙似霧難以捉摸，無法窺見卻真實存在，靜默著、等待著，引領你不經意地推門而入，走進一場「相遇」的開始。

一份前世未完待續的心念，注定彼此於今生再次相遇。但**相遇的同時，亦伴隨著尚未完成的課題到來**，為的是讓親臨人間現場的我們去重新經歷、學習，進而超越挫折，鍛鍊出更加堅毅的勇氣與韌性。

也許，你嚮往人生能夠一帆風順、得償所願，但那充其量只能讓我們從外界評價及他人羨慕眼光中，獲得短暫滿足，最終換來的反倒是心智極度空虛。如同自願被動物園豢養的動物，用恣意奔馳的自由交換了飼育員的照料，用盡情翱翔的權利換取堅固牢籠保護及不虞匱乏的飼料，終其一生免於天敵追殺及覓食之苦，得以平穩安逸度過一生。身處籠外的野生動物同伴們，或許對這般生活感到羨慕不已，但被豢養許久的動物，眼神卻不約而同充斥著「空洞」與「無趣」；已被剝奪了自由的靈魂，空有一身軀殼卻喪失體驗世間的動力，只能在圍欄中百般無奈、索然無味地苟活。

由此可見，課題的到來並非阻礙或打擊，反而是為生命錦上添花的獻禮。**遇見「挫折」，精采人生才正要開始**，因為靈魂將得以成長茁壯，淬鍊出更高深的智慧；在克服重重困難之後，內心愈發強健，喜悅便能由內而外自然彰顯。只要「願意」並勇於「面對」，你將深刻體會到：超越內心的困頓，才是貨真價實的雨過天晴！

在愛情關係中，雖然相遇即是有「緣」，但是否有「分」能共度一生、白頭偕老，關鍵在於彼此能否勇於跨越過程中的挫折與考驗，否則將差之毫釐、失之千里，讓難得的關係逐步偏離幸福軌道，不得不走向遺憾結局。接著，讓我們深入以下情節，透析緣分如何造就相遇，進而從中理解「勇敢面對」的重要性。

相思難解不敢表白，差點錯失真愛

相思、單戀的過程，對渴望被愛又無法如願的人來說，總是備感煎熬、度日如年，藏在心中想說卻說不出口的情感，更讓人既期待又害怕受傷害。面對充滿不確定性的未來，心中陷入矛盾、焦躁與不安，不知該如何是好，只能日復一日過著理性與感性相互拉扯、掙扎的日子……

敏儀就身處在這樣的情境中，傻傻地過了兩年，因為，她愛上了現任科技公司總經理的兒子振熙。對比雙方的家世，畢業於東吳大學法律系，在這間公司擔任法務工作的敏儀，出身於小康家庭，父親是剛退休的公務員，母親為專職家庭主婦，還有一位從事餐飲業擔任服務生的弟弟。男方則畢業於美國前十大名校加利福尼亞理工學院，父親擁有十幾億資產，母親擔任某珠寶公司董事長，姐姐任職於美商蘋果公司，一家人出入皆以賓利、瑪莎拉蒂及BMW等高級名車代步，顯見彼此家庭背景的懸殊。

兩人第一次交集，是在公司年底舉辦的尾牙宴上，忙於應酬分身乏術的總經理，請振熙代為詢問法務主管某項正在處理中的業務進度。當外型帥氣的振熙走到法務部門桌前，不料這名主管恰巧暫時離席，到會場外回覆家中來電，此時敏儀主動趨前關切，並充分記錄總經理要振熙轉達的交辦事項，再確實傳達給之後回到席位上的主管。過程中，在一旁聆聽的振熙，對態度認真的敏儀給予肯定，說道：「妳今天的穿著很典雅得宜，思考也非常有條理，不愧是公司的人才。」這句讚許的話語及沉穩的談吐，讓敏儀對振熙留下了極佳印象。

第二次見面，是尾牙結束兩個月後位於公司附近的異國料理餐廳。敏儀受主管邀約參加宴請有功幹部的聚餐，巧合的是，振熙也在同一間餐廳和外國友人聚會。當晚小酌了幾杯的振熙，擔心酒後開車遭警察攔檢，便請敏儀代為駕駛他的ＢＭＷ座車回天母住處。途中兩人相談甚歡，聊到彈琴、游泳、閱讀等彼此共通興趣和話題，最後在互加通訊軟體帳號之後，愉快地結束這次意外的約會。

女人敏銳直覺通常遠勝於男性，單憑第一眼印象，似乎就決定自己一生即將停靠的港灣。不過這段緣分的開展，卻沒有敏儀想像中順利，自從上一次在餐廳巧遇後，再也沒接到振熙進一步消息，她開始懷疑是不是自己條件不夠好、缺乏吸引力，以致於男方意興闌珊不願主動聯繫，抑或是對方根本沒在意過她，之所以交換聯絡方式，僅出於社交禮貌而已。混亂又糾結的思緒，逼使她不得不向閨蜜傾訴自己的心情和想法，經過一晚討論後，得到了以下殘酷的結論：門不當戶不對，對方是公子哥不缺錢更不缺女友，她這朵出身平凡的路邊小花，終究難登大雅之堂。

因為這些結論心懷失落的敏儀，忍不住指責自己：「怎麼會被一時的感覺沖昏了頭，還妄想高攀富貴?!」而在逐步整理檢視內心之後，她確定自己並沒有高攀意圖，僅是單純無意間墜入情網而已。冷靜下來的她，開始著手調適這段無從得知對方心意，同時又令她感到矛盾不已的愛情獨奏。

一段時間過去，敏儀終於放下對振熙難以釐清的千頭萬緒，重拾燦爛笑容和自信，白天認真努力工作，晚上體貼陪伴父母，她深信：「花若盛開，蝴蝶自來；人若精采，天自安排。」沒想到半年過後，內心已平靜無波的她，卻突然收到振熙傳訊息邀她一同前往陽明山上的景觀餐廳用餐，心中再次泛起漣漪的敏儀，情急之下誤按了感謝貼圖回覆，因此只好硬著頭皮赴約。

當晚，對方舉動貼心、對談幽默風趣，讓她再度陷入相思萬丈深淵無法自拔。事後，振熙每隔一段時間不經意出現又莫名失聯的模式，讓敏儀百思不得其解，對他的思念更已經到無可救藥、難以抑制的地步。但女人的一顆玻璃心向來脆弱易碎，面對曖昧不明的狀況，始終習慣被動，不敢正面詢問男人的心意，只怕嚇跑對方，壞了這段關係。隱忍一年之後，敏儀終於在閨蜜建議下，前來向我請益。

依約前來的途中，敏儀自知兩人身分懸殊難有好結局，內心忐忑不安，像是等待著被宣判刑期的犯人，極度擔憂我給的答案讓她美夢幻滅。但若不請益清楚，她對未來將更加迷惘及缺乏安全感，複雜又惶恐的心情，導致她腸胃痙攣、臉色蒼白地走進我所在的道院。

一見到敏儀，我說：「妳好，建議妳先到廁所把臉對著馬桶，五分鐘以後再出來吧。」

敏儀左手按著肚子，強忍住身體不適，對我點了點頭後前往廁所。不一會兒，廁所傳來陣陣嘔吐聲，過了幾分鐘，她才緩步回到座位上。

我對她說：「我不是法官，妳更不是犯人，恐懼，來自於妳內心的不確定感和自我否定所造成。」

敏儀一邊用面紙擦拭嘴角，一邊無力地說：「導師，我想知道這個男生是不是真心喜歡我，這問題已經困擾我兩年多了。」

我直白地回答：「他很喜歡妳，甚至已經愛上妳。」

聽見我說的話，敏儀滿臉訝異、不可置信地說：「怎麼可能?! 他常搞失蹤，然後過一陣子又莫名其妙地出現，我們的關係只像普通朋友，沒牽過手也沒互允承諾。」

我說：「有，你們有打情罵俏，而且彼此興趣和觀念相互契合。」

敏儀：「導師，您是道行高深的修行人，可能不理解，那是我們凡人所謂的『打嘴砲』，只是說說而已，通常不代表任何意義的。」

我再一次肯定地對她說：「不，他真的愛上妳了。」

敏儀依舊不願相信，說道：「可是我們兩個出身背景、學歷跟身分，都有很大差距，就像周杰倫有一首《珊瑚海》歌詞寫的：海鳥跟魚相愛，只是一場意外。」

我接著說：「我們的愛差異一直存在，等待竟累積成傷害，蔚藍的珊瑚海錯過瞬間蒼白。」

敏儀驚訝地說：「哇！導師您太厲害了！竟然連這首歌的歌詞都知道！」

我說：「重點應該是『當初彼此不夠成熟坦白』和『愛深埋珊瑚海』，這兩句是你們倆現在的癥結點。」

敏儀小心翼翼地問：「您的意思是說……他愛我，只是沒有說出口嗎？」

我答：「對，他和妳一樣心裡充滿著憂心和不安，也預設自己的父母不看好這段戀情，導致他行為反覆。」

此時敏儀眼眶忍不住泛紅，心酸地說：「我懂，也能理解有些事情不能勉強。但請導師告訴我，這樣的關係到底還能維持多久？好讓我可以趁早回收這些愛。」

我說：「真愛的體積，不是一般回收桶能夠容納得下，為什麼妳不問，該怎麼做才能讓兩人相守一生呢？」

敏儀故作灑脫地說：「我有自知之明，不是我的強求不來，花若盛開，蝴蝶自來。」

我轉頭直視著供桌上盛開的百合，對她說：「桌上這盆百合，歷經無數次的花開花謝，卻從來不見蝴蝶飛進來過。」

敏儀說：「導師，這跟我剛才說的不一樣，百合是放在道院裡，外面的蝴蝶當然進不來呀！」

我面露微笑對她說：「妳已經點出自己的問題所在了。」

敏儀震驚地問道：「您的意思是，我封閉了自己對嗎？」

我答：「對！把花放到戶外蝴蝶都不一定會來，更何況是放置在屋內呢？」

敏儀為難地說：「導師，我到底該怎麼做……難道要親自對他表白嗎……？」

我不客氣地說：「不，妳不敢！因為妳怕被拒絕，倘若被拒絕，妳的自尊會蕩然無存。」

敏儀支支吾吾地回答：「導師說得對……我……真的不敢……還害怕到想放棄這段感情……」

我說：「給我妳的手機，並且把妳跟他的通訊軟體打開。」

敏儀緊張地說：「好……您等等。」

敏儀慌慌張張地從包包裡拿出手機，點開對話視窗之後遞給我。我幫她傳了幾則訊息給振熙，很快得到了對方的回應。

我傳：「振熙，你吃過午飯了嗎？我昨晚睡不好……」

過沒多久，振熙回覆：「妳還好嗎？是不是有心事？」

我回：「對，有件事藏在我心裡兩年了，一直到昨晚，徹夜難眠。」

振熙問：「是什麼事？方便跟我說嗎？」

我回：「不知道……只是突然很想你，一直想到天亮。（附加哭哭撒嬌表情）」

傳完這句，振熙突然已讀不回一陣子，過程中敏儀的眼光始終緊盯著我，卻不清楚我正幫她代傳訊息。

我繼續寫道：「思念，沒有解藥。」

等了許久，振熙終於回覆：「我也是，思念的苦我懂，我每天都在思念著妳。」

我回：「那為什麼不肯給我承諾？（外加生氣表情）」

振熙迅速回說：「我會！今晚八點老地方見，請准許我能有照顧妳一輩子的機會。」

我回：「好。」

回覆完訊息，我把手機交給敏儀，並請她接受今晚振熙的邀約。當敏儀拿回手機看到訊息內容時，不敢置信地害羞尖叫說：「啊！導師！這……」緊接著紅了眼眶，雙手將手機緊握在胸前，激動地對我頻頻點頭。

我說：「傻女孩，前世你們原本是一對即將完婚的戀人，可惜命運多舛，在當時遭遇阻礙無法順利結為連理。現在，快回去換套衣服，準備赴約吧！幸福的大門，有時是需要勇氣去打開的。」

聽完我說的話，積壓在敏儀心中許久的大石終於落下，喜悅之情溢於言表，只能對著我再三鞠躬，替代難以言喻的深刻感謝。

當晚，兩人終於相互告白坦承情意，並在正式交往第十個月後步入禮堂。緣分，連結了時空、開啟了相遇，猶如「任意門」般造化彼此從前世到今生再次相見。雖然雙方懸殊的身分地位，曾讓敏儀對振熙望之卻步，但回頭想想，所有的過程，不正是要讓男女主角從遭遇事件中學習不畏懼困境的「勇氣」？而男方父親在提親時更表示：「其實已經中意敏儀許久，覺得她識大體、工作努力又善解人意，如果是自己的媳婦不知該有多好！只是不希望插手干預年輕人的情感發展而作罷。」此時，敏儀跟振熙兩人才驚覺：原來，緣分早已在冥冥之中注定並安排好一切。

現在的你，或許也深陷相思或單戀之苦，但只要你願意拿出勇氣去面對、嘗試，無論結果是否盡如人意，終能開啟屬於自己的幸福大門。

「緣」滿小叮嚀

態度，決定了相遇後的人生方向

今生所有相遇，必定是久別後的重逢。**緣分，推動了命運船隻航行，而過程中決定船身駛向「喜劇」或「悲劇」港口的最關鍵掌舵者，則是我們的**

「態度」。倘若對未來過度預設立場，反而容易因此陷入不必要的誤解，徒留遺憾。

缺乏自信，其實是一種幻覺，它正在暗地裡侵蝕你原本堅定不撓的勇氣，同時不斷在遭遇事件時藉機催眠你「好難」、「做不到」或「害怕」，阻隔了美好事物降臨生命，讓你與充滿希望的未來失之交臂。從今以後，別再懷疑或否定自己，轉而以開放心態接納任何可能，毋須擔憂、畏懼，勇敢邁開步伐，久違的幸福，正在前方等著你。

人生因為有了挫折，而變得豐富多彩。一旦跨越了關卡，眼神將流露出不同以往的自信，對於未來方向亦必然更為篤定、毋庸置疑。

給摯愛的你——

永遠別在機會來臨時站在原地不動，更毋須煩憂結果，老天正安排著一切的發生，而你，必然是那收穫滿載的人。

因緣而生的相遇，都源自於「愛」

輪迴，引領我們重新體驗人生，在這種種關係交織而成的迷霧叢林裡，是「愛」帶著你我再次前來，為的是要讓彼此拾回對生命的熱愛。

人生，是由一個接著一個的「相遇」所組成。出生的那一刻，我們和今生母親有了初次相遇，緊接著是辛苦為我們接生的醫師、護理人員和在旁引頸等待的父親，自此，開啟了一段全新的生命旅程。

你是否相信，所有「關係」的源頭，都是因「愛」而起？

在輪迴過程中，每一世從出生到死亡，再到下一世的生與死，一場場的相遇與生離死別，讓靈識不斷進行反思，把所有曾經愧對、遺憾、誤解、捨棄、愛過、恨過的人，相約再次回到這世間，經由一次又一次重新互動，磨合出更深一層、再深一層的領悟，並藉此逐漸切入心識核心，淬鍊出更具智慧、圓滿、自由與豁達的心性，而「愛」，正是啟動這場生命之旅的樞紐。

然而，**我們容易被既有的「思想框架」限制住，無法輕鬆自然表達「愛」**，原本出發點單純的善意付出，到後來也可能演變成嚴重的誤解與隔閡。「負向解讀」和「情緒」是引爆關係炸彈的導火線，同時也讓我們親見彼此內心深層的病灶，只要願意靜下心來回首檢視，將輕而易舉發現：關係中的負向言詞及行為，仍舊是一種愛的表現。

過完農曆年後，台灣的氣溫像溜滑梯般瞬間驟降。某天，我的助理因罹患感冒身體不適，中午便請她先行下班返家休息。獨自一人在院內處理公務的我，直到晚上九點多才驚覺今天一整天還未用過餐，隨即套上薄外套，到附近尚在營業的火鍋店準備用餐。

推開玻璃門，走進店內，一陣火鍋香氣撲鼻而來，但仔細一看，店裡氣氛卻顯得格外緊張嚴肅，客人們各個交頭接耳，眼神不約而同飄向前方某桌正在用餐的一對母女。

我坐定位點了素食鍋後，耳邊傳來那位母親對女兒不耐煩大聲咆哮：「妳是不會吃快一點嗎？」

母親的謾罵聲，讓周圍所有人忍不住轉頭繼續注視這對母女，顯然在我還沒進門之前，母親已經責備女兒許久，而現在，這位母親更是怒氣沖天，狠狠瞪視著邊哭邊吃的女兒，場面十分尷尬難堪。

此時，老闆客氣地為我端來素菜及火鍋料，才按下電磁爐開關沒一會兒時間，那位母親繼續對女兒破口大罵說：「我跟妳說的妳有沒有聽到？再不趕快吃完，我就把妳送去給妳那個不要臉的老爸養！」

淚流滿面的女兒，邊拭淚邊委屈地對母親說：「我不要……媽……我是愛您的，拜託不要送我回去……」

聽女兒這麼一說，母親更是怒火中燒，按捺不住情緒摔掉手中的筷子，再次大聲喝斥女兒：「妳跟妳那不要臉的老爸同一個德性！拖拖拉拉的！明天還要上課，吃快一點！」

眼看女孩因為心急匆忙進食不斷嗆到喉嚨，但母親只是冷眼漠視不聞不問，讓我無法再袖手旁觀下去。這次，換我放下手中的筷子，走到那位母親的身邊。

我以平靜的語氣，好言相勸對她說：「媽媽，女兒還是小學生，可不可以換另一種方式引導她呢？」

聽我這麼一說，母親反倒更加不悅，一邊對著我一邊看著女兒，同時加倍提高音量說：「這孩子就是難管教！滿口欺騙愛撒謊！晚上回到家沒吃晚餐被我發現，明明有給她零用錢，花到哪裡卻從來都不肯說，擺明是亂買東西！我還需要對她客氣嗎?!」

我不顧在場其他客人的注視眼光，仍舊苦口婆心地勸說：「適切地引導，對她說明希望她儘快吃完的原因，才能讓孩子了解妳的出發點。妳把母女關係弄糟，讓孩子心靈受傷，以後想再教導她的話，只會倍加困難。」

母親對我的勸說充耳不聞，自顧自地把頭撇開、擺著臭臉，喃喃碎念道：「沒爸爸的小孩，就是難管教，還裝得一副可憐兮兮的樣子。」

我誠懇地說：「孩子沒有父親，妳沒有先生，都在一起同甘共苦了，不如讓孩子快樂一點，好嗎？」

母親依舊忽略我的建言，繼續轉頭責罵女兒說：「好了，別吃了！把嘴擦一擦回家去！」

當她拉著孩子準備起身結帳時，我直接伸手阻攔，並嚴肅地對她說：「妳坐著！」

對方可能被我出人意料的動作給驚嚇到，只好勉為其難坐下並支吾其詞說：

「怎⋯⋯怎麼樣?」

我開門見山直接對她說道：「讓我告訴妳一個祕密，妳給女兒的零用錢，她從來沒有亂花，她是隱瞞妳，但沒有欺騙妳！在她國小一年級妳跟前夫離婚以後，妳給她的零用錢她一塊都沒有花，而是把全部錢存在自己藏好的幾個撲滿裡。」

母親被我突如其來的話語內容給震撼住，訝異地看著女兒，然後又轉頭，以難以置信的眼神望著我。

我緊接著繼續對她說：「剛離婚的時候，妳經常借酒澆愁，仗著醉意大肆向女兒抱怨，數落前夫的不是，醜態百出。此外，妳還對女兒嚷嚷著期待將來能擁有一間房子，想要有家的歸屬感，卻忿忿不平怨嘆自己沒有能力。女兒捨不得自己母親被父親逼迫簽字離婚，但自己年紀小又無能為力，因此，她用餓肚子不吃飯的方式，偷偷存下每天的晚餐錢，為的是希望長大後可以幫妳購屋。也許撲滿裡的錢買不起房子，但她依舊如此用心堅持到現在！女兒的體貼對照妳現在責罵孩子的態度，真的令人感到心寒。」

聽完我所說的，母親只能愣愣地看著女兒，不發一語，孩子則滿臉驚訝、呆坐在椅子上直視著我；在一旁的其他客人，也因為太過吃驚，一時之間無法反應，像是被按下靜止鍵般地暫停了手邊所有動作。

過了一會兒，母親語帶遲疑地開口詢問女兒：「這……是真的嗎？」

女兒緊張地看了看四周，最後終於點頭承認。總算明白事情真相的母親，不由得趨身上前抱住女兒，心疼不已地對她說：「妳這個傻孩子……傻孩子……給妳的那點零用錢，怎麼可能買得起房子啊……」

在一旁屏息觀看整個過程的客人們，見到如此揪心又溫馨的場面，紛紛忍不住起身鼓掌叫好，你一言我一語地對母女倆說：「孩子要好好疼啊！」、「能夠大和解實在太好了！」、「真的是好懂事的孩子！」

在眾人喝采和鼓勵聲中，母女兩人緊緊地相擁而泣，店裡氣氛也恢復到一間餐飲店該有的輕鬆和諧。為了隱瞞這個貼心祕密而被責罵、心中滿是委屈的女兒，在真相大白之後，忍不住對著母親放聲嚎啕大哭，宣洩壓抑已久的情緒。

此時，懷中依舊抱著女兒的母親猛然回頭，疑惑地向我問道：「您，該不會是紫嚴導師吧？我愈看愈覺得您跟《緣來，就是你》書腰上的照片很像，只是服裝不太一樣。」

沒料想過會被認出來的我，聽到這個提問，只好無奈地脫下薄外套、略帶苦笑問她說：「這樣，像書腰上的照片了吧？」

只見母親夾雜著既驚喜又羞愧的表情，滿懷歉意對我說：「導師，很對不起，剛剛對您失敬了！我妹妹有送您的書給我，雖然一直沒有時間閱讀，但至少還能憑照片的印象認出您來，真的很感謝您的建言……」

話一說完，她難為情地趕緊帶著女兒到櫃檯結帳。要離開前，她告訴我說：「之前有預約向您請益，屆時再鄭重向您表達謝意，不打擾您用餐了，感謝您！」

當母女倆即將走出門外，現場客人又接二連三歡呼給予熱情支持：「加油！好懂事又孝順的女兒！」

目送她們離開後，我回到座位上準備繼續用餐。此時老闆以一副認得我的表情，躡手躡腳走到我的身旁彎下腰，語帶害羞輕聲細語說：「紫嚴導師不好意思，您在臉書粉絲專頁的直播，我一直有在關注，內人更是您的忠實粉絲，剛趁您在開導那位太太的時候，我已幫您把素食鍋的食材煮好了，請慢用。」

我微笑道謝，同時點了點頭，回應其他桌對我豎起大拇指表示讚賞的客人之後，便開始默默地用餐。

揭開了「情緒布幕」，我在人間現場，遇見母女倆的真情流露：當誤會冰釋，母親把女兒緊緊摟在懷裡、相擁而泣的溫馨感人畫面，無疑是「愛」的呈現。母親憂心時間已晚影響孩子作息，急性子地要求女兒儘快吃完；女兒則寧可忍受飢餓和被誤解的委屈，偷偷將零用錢存進撲滿，只為了一圓母親希望添購房子的心願。雙方的出發點，都是因為「愛」，但母親卻渾然不覺地將被丈夫遺棄的負向情緒，摻雜到單純的母女關係裡，一時糊塗的失控舉動，更差點親手摧毀這難得又寶貴的親子關係。

「緣」滿小叮嚀

透視情緒迷霧，看見愛

人情關係對待中，不離「付出愛」、「被愛」、「討愛」三要素。當對人付出愛卻不被全然理解、被愛但不符合自己期望，以及討愛竟被忽視或回絕的時候，內心會不自覺產生「衝突」感，對自己遭受到的對待舉旗抗議，企圖藉此平衡心中這份難以接受的委屈和不被理解的感受。但換個角度來看，**所有「情緒衝突」背後必然有愛的存在**，只是這份愛是被「禁錮」甚至是曾被

「扭曲」過的，僅此而已。

一般人遭遇他人的情緒性對待時，多半採取逃避、壓抑態度，或是對號入座隨之起舞，但這樣一來反倒容易加深對方的扭曲，引發更多矛盾與衝突。以客觀視角掀開這一層情緒布幕，便能發現：愛一直原封不動擺放在對方心中。**當你對情緒認真了、相信了、感覺受傷了，並選擇與對方拋出的情緒相抗衡，才是真正遺憾的開始**，因為，我們將自此削弱付出愛的能力，變得畏縮封閉。**唯有相信愛、堅信有愛，方能見到情緒布幕背後，依然存在著那份不變的「愛的初衷」**。

給摯愛的你——

所有衝突、情緒的背後都是愛，別被討厭的低氣壓給蒙蔽。愛，從來未曾改變。

第二章

穿越關係中的挫折，一同邁向未來

愛，來自於久遠前的一場約定，

跨越重重時空只為了信守承諾，

與摯愛的你相遇，再續前緣。

今生相遇，是為了圓滿你我

千里迢迢、穿越時空，我們來到這個世界，一份前世的約定，促成了今生再次相遇，為的是要圓滿此生你我的生命。

倘若拿世間最珍稀璀璨的寶石和愛相比，寶石將瞬間顯得黯淡無光；取世上最豔麗的花朵跟愛比擬，僅能愈加襯托出愛的繽紛多彩；而把人間最上等的美饌與愛相較，山珍海味也頓時變得索然無味。任何世俗價值認定極為珍貴的物質，都與愛相差甚遠。

「愛」，以零缺陷完美之姿囊括了一切豐盛滿足，也沒有黑暗與光明的分別，因為它是如此自然淨透、真實不虛。如果說愛是一幅絕美畫作，這比喻依舊天差地遠，因為畫沒有生命徒有意境，但愛卻超越了所有意識框架，在萬事萬物中流動存在著。

從相遇到相約，乃至一同邁向未來，這份心念皆是以「愛」為動機出發點。現在，請你與我一起回想：展開一段關係的最初，是多麼輕鬆愉快無所顧忌，不論是剛邁入交往階段的戀人、迎接新生兒到來的新手父母，抑或是剛開始熟識的朋友，無一不是如此。戀人一早出門約會到晚上，直到告別時仍依依不捨，感嘆著時間稍縱即逝；新手父母疼惜地哄著懷裡的嬰兒，寄望傾注所有的愛和最好的一切，澆灌眼前的心肝寶貝；與初識不久一拍即合的友人則是徹夜閒聊無話不談，對彼此更有相見恨晚的感覺。

相遇的最初，無非是一份真誠和愛揭開了「關係」的序幕。當我們毅然決然牽起對方的手，映入腦海的是一幅幅美好的未來預想圖，堅信並期望著能夠一起排除萬難，在人生道路上勇往直前。

攜手邁向未來的旅途，像是結伴同行攀登玉山主峰般，一路從和緩的登山步道再到處處斷崖、蜿蜒崎嶇的山稜路徑，必要時甚至得加快腳步一鼓作氣疾行攻頂。過程中隊友們互相支持打氣，克服許多地形阻礙和心理障礙，同時一起欣賞沿途所見的溪流瀑布、參天神木、壯觀群峰及遼闊雲海等美麗景致。

要能順利登上頂峰抵達目的地，「堅持」是唯一必要條件，而隊友間的「共同堅持」更是最大助力。當彼此都擁有堅定信念，便能攜手跨越重重險阻，事過境遷後，旅途中的「挫折」將成為日後的「笑談」，化作無可取代的登山體驗，為生命增添難得的回憶。

行經樹林間，偶爾可見正在樹梢上啃食核桃的松鼠，只見牠不斷敲擊外殼試圖把殼打開，因為牠知道，美味的核桃就藏在堅硬的外殼裡。人情關係猶如登山，當中有艱辛、滿足、喜悅、克服、歡笑、悲傷……等種種歷程，更像松鼠手中的核桃，需要經過「撞擊」才能大快朵頤一番。即便外殼堅硬，牠也從未放棄手中的果實，更知道需要花費心思，才能品嚐到鮮美的滋味。

在愛裡，難免會有苦悶困惑的片刻，這單純只是因為我們尚未學習到如何用正確的方式和態度表達愛，絕不代表我們不值得被愛，反倒是最值得被愛的人才會遭遇「挫折」。**生命，需要透過「事件」促使我們去打開堅硬的核桃殼，當你會了、懂了、領受到了，便會發現：關係中的挫折並非打擊，而是為了幫助我們通往下一個幸福階段的「敲門磚」**。

無止盡的欲望，加速了心靈掏空

當我們汲汲營營追求事業發展、職務升遷、結婚成家、生兒育女等世俗事物，期望從中獲得成就感、肯定感或滿足感，而忙碌到不可開交、身心俱疲的同時，不妨，先暫時停下奮力衝刺的腳步，靜心沉澱片刻並問問自己：「在人生旅途中四處奔波、不斷追尋，但為什麼卻愈走愈覺得疲累空虛？而追逐這一切的目的，究竟又是為了什麼？」

事實上，在每個人內心深處細微意識裡，最強烈渴望的，不是獲得世俗認定的成功或物質層面的擁有，而是希望能夠「停止追逐」，遠離紛擾混亂的權力、金錢爭奪和相互比較的競賽模式，回歸到最純淨單純的真實面目。

此時，我們很輕易地能發現：看似強勢獨立的大男人，心底其實住著一個等待被關心了解的小王子；而每個女人心中，也始終存在著一位希望被疼愛呵護的小公主。然而，**我們之所以會不斷被「想要變得更好」的觀念制約，來自於我們從來不覺得自己「被愛」**。

當竭盡所能付出畢生心力，總算攀上人生巔峰，獲得社會和他人的認同後，接下來等待著我們的，不是繼續永無止盡追逐世俗的名利與物質，而是該環顧周遭，檢視自己的生命，更深一層地去鞏固和圓滿今生得來不易的「緣分」與「關係」。

成立玉清道院第二年的一九九九年夏季，當時的我，除了每天從早到晚為七十至一百多位前來排隊請益的信眾解惑，假日還安排授課，過著全年無休的日子。一位信眾林先生不忍見我日以繼夜忙碌操勞，貼心地提議：願無償出借位在清境農場的透天別墅供我渡假使用，以回饋指點之恩。考慮許久之後，我同意他的建議，但非渡假而是改為十四天山區閉關，希望能藉此機會充實自己，也期許這次閉關後，在未來能帶給更多人需要的幫助。

約定出發的當天一早，林先生帶著愉悅的心情，開著休旅車來到道院接我前往清境農場。途中，林先生邊開車邊對我說道：「導師，您辛苦了，聽說您一天睡不到四小時是嗎？」

我答：「時間有限，加上前來請益的信眾人數愈來愈多，所以，我只能選擇犧牲睡眠。」

林先生說：「在每位信眾只有不到五分鐘的請示時間內，您就要精準地給予對方寶貴的人生方向指點，實在是很不容易。」

我說：「是啊！還記得你第一次來找我，是詢問到內地設立分公司的相關事宜，第二次則是大兒子準備前往美國求學的問題。」

林先生有些驚喜又感動地說：「每天有這麼多人來向您請益，但您卻還記得我的事……目前我在內地的分公司發展順利，兒子也如願進入好學校就讀，一切都多虧了您的提點，真的很感謝您！不過，想冒昧請教導師，一般人前來請益的問題，大部分都是什麼類型呢？」

我答：「世間人的問題千奇百樣，總括來說，男人不外乎想在事業上求發展，女人在意的焦點通常是結婚生子但又希望兼顧工作；年長的男性期望能有機會再創事業第二春，而好不容易盼到孩子結婚的年長女性，則是焦慮著何時能儘快抱孫。」

聽完我說的話，林先生有點不好意思地說：「導師說得是，其實，連我都是問這麼膚淺的問題……」

我繼續說：「百分之九十的人，大多把目光聚焦在『尚未達成的目標』上，還沒成功的人想成功，沒結婚的想結婚，沒抱孫的就設法讓孩子儘早完婚生育下一代；沒房子的人努力打拚賺錢買房，有錢人希望更有錢，政治人物則想著要拚連任，所在多有。」

林先生疑惑地問：「聽您這麼一說，當這些人生目標幾乎都完成了以後，就差不多要準備躺進棺材裡了嗎？」

我答：「對，百分之八十五的年長者，**當想要的目標一一達成後，會出現兩種心態：一種是不甘願失去這一切，臨終時會更捨不得離開世間；另一種人則是覺得人生到頭來也不過如此，並對此感到乏味不已。**」

林先生又問：「這麼說來，就算已經得到想要的一切，但人在最後臨走之前，留下的仍是不滿足嗎？」

我說：「任何在年輕時努力追求過世俗價值跟目標的人，到年老的時候，沒了體力跟衝勁，只能認命接受這個事實，再從含飴弄孫中獲得些許滿足感。」

林先生若有所思地說：「我現在五十一歲，的確如導師所說，從小到大都活在不斷建立目標跟滿足欲望裡，即便完成了一個目標，緊接著又想要追下一個。現在，真的該認真思考怎麼過接下來的日子才是有意義了。」

我點了點頭，緊接著說：「事實上，連我最近都感到有些倦勤了。」

林先生訝異地說：「倦勤?!導師您可是許多人心目中的大師，更是重要的心靈支柱，怎麼可能倦勤呢?是因為過度勞累的關係嗎?」

我感慨地說：「不，我的問題不是出在身體而是心理。多數人找我，只是為了滿足『物質』的欲望，一旦我給予協助，下一次他們又會再接續索討，希望我能幫忙滿足另一個欲望，永無止境，而這並非我成立道院的初衷。」

林先生說：「我懂！您是先給大家前菜，讓原本慌亂的心安定些，好繼續在人生路上學習，但真正的主菜還在後頭沒送上呢！」

我無奈地說：「這，正是問題所在。多數世人的心態是前菜吃完以後又想吃另一道前菜，一旦我提到的主菜內容不是他們預期想要的，立刻選擇迴避。」

林先生說：「我想，導師說的主菜，應該就是您上週末跟我提到過的：『完成每個人千里迢迢而來的投生目的，是輪迴旅途中最重要的事。』沒錯吧?」

我點點頭說：「是的！**當我們把生命的時間軸放遠、拉高來看，便能明白：著手去完成自己深層靈魂的『期待』，才是最具意義和價值的**。不過，人性向來存有貪婪，加上眼界狹隘，容易只聚焦在眼前可見可得的利益上，忽略了靈魂真正需要的其實不是這些。像是身處水秀山明的風景區卻不去欣賞，只流連忘返在目光所及的小吃攤販上。」

林先生問道：「這麼說來，靈魂的這份期待到底是什麼？我看不到也遍尋不著，雖然到目前為止，我人生中該有的東西都已擁有，但內心的空洞感卻依舊存在。」

我答：「愈是找不著，愈容易『誤以為』空洞感來自於某些外在物質目標尚未達成所導致。人們會不斷試圖招攬外界的人、事、物來消弭內心空虛，但卻猶如炊沙成飯，終究是徒勞無功。其實，**這份空虛無非是內心深處靈識所發出的溫馨叮嚀，為的是要觸動我們起身去向內尋找**。」

林先生恍然大悟地說：「難怪！不論我找朋友聊天、泡茶、培養興趣或是換車，費盡心力嘗試過各種方法，都無法平息心裡那份隱隱作祟的不安感，也頻頻感受到，好像有件重要的事必須去完成，卻不得其解。」

我說：「簡單地說，靈識的期待不外乎是：**拾回輪迴投生前的初衷，在浩瀚的生命旅程裡圓滿自己。**」

林先生誠懇地問道：「導師，我很想了解投生為人的初衷到底是什麼？能否懇請您明示呢？」

我說：「等我閉關完再說吧！此趟行程所遇機緣，將會造化我在未來用簡單的方式闡述這些道理，也會成為谷神心法世間章的一部分。」

林先生微笑說：「好！等您閉完關後我會親自來接您，也期待您屆時為我授課解惑。」

歷經近四小時車程，終於來到林先生位於清境農場附近的透天別墅，一下車後他便開始四處張羅，為我打理環境和添購閉關所需的民生用品。在屋內隨意走動的我，走近落地窗邊，眺望屋外壯麗山景，映入眼簾的是一片盎然綠意，洋溢著蓬勃生機。草地、樹葉隨風輕輕擺動搖曳，耳邊則傳來都市叢林難以聽到的鳥叫蟲鳴，清幽舒適的環境，令人感到十分愜意。晚上七點和林先生一起用完晚餐後，他便離開別墅北上返家，留下我一人，準備進入將於子時開始的閉關行程。

與失和民宿夫妻的奇妙機緣

沐浴更衣後，我盤坐在打坐墊上、面向窗外，身心輕鬆闔上雙眼，在裊裊檀香中進入禪境。不一會兒，遠處傳來陣陣響徹雲霄的鐘聲，這是法師在開始閉關後自天界響起的鐘鳴聲，意味著從即刻起需分秒清晰照見己心、淨意存思。此時，眼前出現一道火紅色混天綾不斷飄逸的景象，這是中壇元帥得知我在禪坐不便打擾，但又有要事通報時會有的舉動，不見其影而以混天綾向我示意。

我帶著笑意對中壇元帥說：「太子，祢又在耍淘氣了，有事向我奏報嗎？」

太子現出全貌，有禮地對我說：「師父，耽擱您寶貴的閉關存思時辰，有位仙界老友想拜訪您。」

我問：「是哪一位？」

太子開心地說：「是您曾在中橫山區閉關時相遇的天池老人！老人家已在外等候多時了！」

我趕緊說：「快有請老仙人！」

緊接著，天池老人身泛光芒、邊向我走來邊肯定地說道：「年輕人，好久不見！一回首你已是正氣凜然的人界之師，法號紫嚴。」

我敬重地對天池老人拱手作揖行禮，說：「道祖慈悲、老仙人吉祥，晚輩在此向您問安。」

天池老人客氣地說：「免禮、免禮！你心中疲困已久，看來多半是在為世間眾人苦悶著。」

我坦白回答：「是的，多數人被世俗欲望給牢牢牽制住，給予再多也難以填補滿足，也容易忽略眼前已經獲得的幸福，只曉得盲目追逐還未到手的成就感。」

天池老人安慰我說：「這，乃世間人的必經之路啊！」

我點點頭說：「是的，晚輩明白。」

天池老人問：「輪迴之中，何事稱得上是鳳毛麟角？」

我恭敬回答：「**愛，開啟了輪迴，其中以能夠『圓滿人情關係』最為珍貴稀有，同時也得以遇見誠摯的愛**。」

天池老人點頭表示贊同並說道：「很好！你牢記，明日辰時出門，沿著大馬路向上走去，見到一對男女後務必留步，並仔細聆聽他們的交談內容，小倆口跟你的機緣已到。」

我說：「好的！已謹記在心！」

話說完後，天池老人便化為金光朝空中飛馳而去，明亮場景隨著祂的離開，回到原本的漆黑寂靜，我繼續禪坐存思。直到卯時，眼前閃現一片光海，混天綾的尾角又再次出現。

我沉穩地說：「太子，勿再頑皮。」

太子再度現身，手拿時鐘對我說道：「師父，吾不頑皮！距離老人交代的時辰已近，您快起身盥洗準備出門！」

我說：「我才坐不到一小時，現在差不多來到凌晨一點，你怎麼說時間快到了呢？」

只見太子指著卡通圖案時鐘上的指針，同時把它拿到我眼前，說：「確實已到卯時多刻，您入禪定不知時辰了。」

我趕緊出定、伸展筋骨並睜開雙眼，此時，清晨曙光正好穿透落地窗的玻璃，照映在我身上，陣陣鳥叫聲也隨即傳到耳邊，證實了太子對我的叮嚀。於是，我起身稍作梳洗後，準時趕在七點出門。

從山間小路步行到台14甲線，沿著大馬路斜坡繼續往上走時，我眺望遠處層疊起伏的山脈，深刻體會到：「人與人之間的關係猶如山脈，相依相存不離大地。」悠悠飄過的雲層，點綴著綠意盎然的山丘，絕美風景映入眼簾，讓我不由得沉浸在這清新空氣和渾然天成的美麗景致裡。

走了許久，前方傳來一對中年男女此起彼落的爭執聲，連在遠處的我都能聽得一清二楚，我趕緊加快腳程，來到大馬路跟某條小路的交叉口。順著小路望去有一棟民宿，前院站著怒氣沖天的兩人，只見一臉惱怒的男士腳站三七步，女士則雙手交叉抱胸直瞪著對方。

男士蠻橫地說：「就這樣，離婚可是離定了，早簽、晚簽，都得簽！」

女士不甘示弱說：「我為了你付出大半輩子，才有今天的成果，否則只靠你一個人，怎麼可能成為民宿的主人?!是誰照顧你長年中風的老母親？又是誰為你生兒育女？我不是拖鞋要丟就丟、要扔就扔！」

男士語帶嘲諷說：「妳沒聽過『老婆是用錢娶、大餅換來的』這句話嗎？我說要離就離，還跟妳客氣什麼！」

女士淚流滿面，怨懟地說：「難道我生來就該給你如此糟蹋嗎？為了外面那隻狐狸精，家也不要、孩子也丟給我，你還算是男人嗎?!」

聽女士這麼指責，男士的火氣變得更大，提高音量大聲咆哮說：「我早就受夠妳蠻橫不講理！孩子的品格差，全要怪妳寵壞他們！照顧我母親，妳也是心不甘情不願的！我還要妳做什麼？」

女士憤怒地反擊：「你可以再講大聲一點讓打掃阿姨聽啊！沒良心的男人！我倒了八輩子楣才嫁給你！」

男士態度仍舊強硬，狠狠地說：「離不離一句話！今晚我會把離婚協議書簽好放在客廳，孩子歸妳，車子、房子跟民宿都歸我！」

女士忿忿不平地說：「明明是一起努力的成果，憑什麼把錢財、房子全都讓給你?!」

此時男士再也壓抑不住怒氣上前推了太太一把，震怒地說：「搞清楚！民宿是我四處借錢跟貸款來的，說穿了妳只是個記帳小姐，是有多偉大?!」

被推了一把的女士心有不甘，淚水再次潰堤，痛心地說：「我……怎麼會沒功勞？員工請假的時候，是誰來打掃民宿的？」

男士依舊氣憤難耐，毫不理會妻子提問，無情地轉身走回民宿，獨留傷心欲絕的妻子在前院哭泣。

聽完這對夫妻針鋒相對、充滿情緒性言語的對話，我心中滿是感傷。看著站在原地不知所措、即將走到絕境的女人，對照她身後建築華麗的民宿，畫面顯得格外諷刺。再過幾天之後，她的身分將從民宿女主人變成與此地不相干的路人甲，失去婚姻關係、孤身一人帶著孩子，遠離過往曾與丈夫共同努力、攜手打拚的事業，也即將面臨重重難關。

回程時，我的心情格外沉重，沿途經過的風景，似乎因為悲傷而褪去色彩。走進林先生的透天別墅後，我再次盤腿入座，由於一心掛念著那對夫妻，我的眼前不僅再次重演了剛才所見的爭執事件，更預見他們未來的人生際遇……

當晚，在先生的逼迫下，女方以顫抖的手拿著筆，在離婚協議書上簽下名字。而男方其實精心策劃這場離婚已久，先前便委託好友充當見證人，來到家中同步簽名蓋章，隔天雙方便前往戶政事務所辦理手續。恢復單身的男方，在半年後迎娶第三者，被迫離婚的女方則在簽字離婚後兩天搬離原本住處，帶著孩子暫居台中娘家，並在親友資助下，接手娘家附近等待頂讓的早餐店，過著自食其力的生活。

畫面隨著時間往後推移，再婚的男方因無法體會「平淡是福」的可貴，又重蹈出軌覆轍，瞞著第二任妻子在外結識了身材姣好的卡拉OK陪酒小姐；不甘受辱的現任妻子，決定夥同姊妹淘進行報復，趁先生出國考察一個月時轉移跟變賣先生名下的全部財產，並趕在先生尚未回國前出境台灣遠走高飛。回到台灣後驚覺自己竟在一夕間變得一無所有的男方，遭受前所未有的重大打擊，無力振作，只能成天酗酒度日，多年後更因此引發中風臥病在床，晚景淒涼。

而原先被拋棄的太太，因不堪負荷長年壓抑情緒及獨力支撐家計的勞累，在離婚六年後罹患乳腺癌，確診時已是末期。孩子則因走不出父親無情對待的陰影，加上成長期間缺乏父母陪伴，導致長子輟學、次子性格膽小懦弱，無一技之長的兩人，在母親往生後成為啃老族，僅能仰賴外婆的養老金勉強過生活。

入夢指引，喚醒雙方沉睡的愛

如此殘酷的未來，讓我不願再繼續往下探究，便重新調整呼吸，回歸到寂靜的禪坐狀態。不一會兒時間，我的身後投射出強烈光線，眼前也籠罩著一片光暈，此時，出現一位長者的身影緩緩向我走近，是天池老人再度前來。

我恭敬請安，對天池老人說：「老仙人慈祥，晚輩向您問安。」

天池老人說：「免禮！見到世間人無助的一面，你有何感想？」

我答：「**人一生中都在『關係』裡依存著，從小到大皆是如此，環環相扣且交互影響**。一層關係的破壞，攸關下一代的未來。這對夫妻白手起家艱苦創業，好不容易能夠收穫甘甜果實，男方卻因一時欲望親手毀壞原本的婚姻關係，女方則因家庭教育習慣世襲，戒不掉好強性格，用偽裝堅強的方式保護易碎的玻璃心，又不斷掏空自己為家庭付出，種種原因使然，造成今天兩敗俱傷的局面。」

天池老人感嘆地說：「雖曾為六世幸福夫妻，也難敵一次的考驗啊！」

我驚訝地問道：「您說，他們是連續六世的夫妻嗎？」

天池老人說：「正是如此。前六世他們皆是相互扶持、白頭偕老的幸福眷侶。」

我難以置信地說：「這……那怎麼今生卻成了怨偶呢？」

天池老人提點我說：「你預視了未來，卻獨缺前世。」

我恍然大悟，趕緊對老仙人說：「請容許我花幾刻鐘時間，瀏覽一下他們前世的際遇。」

天池老人點頭默許後，我開始追溯這對夫妻的前世。的確如天池老人所說，兩人前六世皆為甜蜜佳偶，與今生的差異之處，僅在於前幾世經濟狀況普通，今生財富則較為寬裕。

追溯完後，我不解地請教天池老人說：「老仙人，我無法理解前世相處和諧的夫妻，為什麼到了今生卻鬧得離婚收場，還請老仙人開示。」

天池老人說：「**人在平淡生活中易生『滿足之心』，幸福自然水到渠成**。今生他們兩人在締結婚姻初期，同甘共苦攜手奮鬥，待事業有成之後卻不敵欲望蔓延，男子不安於室，婦人則難反照自身，因而鑄下悲劇收場。」

我感慨地說：「他們兩人前世極為珍惜對方，凡事皆能相互共享。原來，向外索求欲望和無知的情緒，是摧毀這段關係的關鍵。」

天池老人說：「累積多世造好因，卻在欲望城下散盡家產，是多麼悲哀！」

我說：「要經歷多少前世相處，才能締造今生再次相遇，但他們卻沒把握這得來不易的緣分。多數人只想把『追求目標』當作人生最重要的價值，殊不知失去的遠多於所獲得的。人身難得今已得，緣分難求，能在今生相遇更該好好珍惜才是。從兩人的關係變化看來，更印證了：**一念之間即能造化未來**。」

老人說：「**關係難得，圓滿他人亦是圓滿自己**。」

我問：「請教老仙人，我該如何阻止他們即將離婚分開的情況發生呢？」

老人答道：「無力阻止。不過，你有入他人夢境之能力，今晚，將你剛才所見前世景象帶入他們的夢境裡，其餘的，就留待兩人慧根造化了。」

我點點頭說：「好的！我會設法在清晨前完成。」

聽完我的回覆，天池老人面帶微笑走入燦爛金光中離去。

當時的我心想：「雖然這對夫妻會在當晚注定簽字離婚，倘若我能趕在明天早晨之前，讓兩人憶起前世相處互動的部分情境，也許那份曾經相知相惜的深厚情誼，能緩和雙方準備在隔天前往戶政單位辦理離婚手續的衝動。」因此，我遵照天池老人指示，於當天晚上入夢給予兩人指引。

時間來到閉關第五天，雖然已經完成入夢指引，但我仍惦記著這件事，心中也還存在些許忐忑不安。於是，我沿著之前的路線步行來到民宿入口處，見到女主人正手持水管為植物澆灑噴水，整理環境周邊，看她神情輕鬆，我總算安心了下來，這表示原本注定離婚的未來已被順利扭轉。放下心中大石後，我便返回別墅繼續完成閉關行程。

出關日當天中午，林先生和司機前來接我回台北永和。一上車我先吩咐司機載我前往民宿，抵達之後，我隨即下車走進民宿，迎面而來的正是那位老闆娘。

老闆娘說：「您好，有預約住宿嗎？請問大名是？」

我搖搖頭說：「不，我沒有要住宿，只是想點一份午餐而已。」

老闆娘突然目不轉睛注視我許久，若有所思地問道：「我……好像在哪裡見過你？」

我沒有正面回答，只說：「可能我是大眾臉吧！」

老闆娘雖然有些困惑，但還是故作鎮定說：「好，那請先稍坐一下，等等幫您把午餐送過去。」

點完餐後，她轉身離開並招呼廚房製作餐點。這時老闆手拿鑰匙從她身旁走過，面帶微笑知會妻子說：「我開車出去採買一下，馬上回來。」老闆娘也露出笑容點頭回應。

在一旁遠觀他們的融洽互動，和前幾天相較有著天壤之別，不由得讓我有種重拾幸福的感動。

突然間，老闆娘走近我，以非常確定的語氣說：「我夢過你。」

我若無其事地說：「我想，我們應該素昧平生。」

老闆娘搖了搖頭，說：「不，我開民宿這麼多年，有過目不忘的職業病，你的臉我一眼就認出來了！前幾天你在夢中帶著我觀看前世，接著還帶我和先生一起再次經歷前世景況，印象實在太深刻了！醒來以後，我們兩個人忍不住開始討論你到底是誰?!剛才經過的那個人是我先生，他可能趕著出門，所以沒認出你來。」

我依舊沒有正面承認，只輕描淡寫地說：「也許是巧合吧！那麼，方便跟我分享最後的結果嗎？」

老闆娘答：「不管是不是巧合，因為作了這個清晰的夢，讓原本決心辦理離婚登記的我們，像被潑了一身冷水，如夢初醒，揮別過去吵吵鬧鬧的情況。」

我語帶關心問道：「那麼，你們兩個人現在相處的狀況還好嗎？」

老闆娘面帶微笑又有些靦腆地說：「說來不怕您笑，托那場夢的福，我先生竟然向私下在一起兩年的外遇對象提出分手，這幾天對待我，跟之前相較起來也更加貼心。」

我笑笑說：「那就好！雖然我不太清楚妳說的夢，但夫妻能夠和樂是件好事。」

老闆娘依舊不死心，繼續好奇地追問我說：「方便詢問一下，您從事的行業是什麼嗎？」

此時，員工將餐點送上，打斷了我們兩人之間的對話。

老闆娘對員工說：「客人是要內用，不是外帶便當。」

我搖了搖手，說：「沒關係，我趕著回台北，能夠外帶的話更好。」

老闆娘抱歉地說：「真是不好意思，員工太粗心大意了。」

起身至櫃檯結帳時，我對老闆娘說：「人，今生相遇得來不易，一念珍惜即能扭轉未來際遇，你們務必要幸福下去。」

聽我這麼一說，老闆娘以驚訝眼神看著我，說：「你……！」

不等老闆娘把話說完，我迅速轉身走出民宿，上車吩咐司機趕緊發動車子離開。

措手不及的她，趕緊放下手邊工作，追出門外想要問個明白，卻還是只能望著我所搭乘的車子疾行遠去。

回程途中，我在心中暗自感動著，欣慰於夫妻倆重新找回心中的愛，也有了一個美好的全新開始。豐富的未來，正在前方等待著他們，一同攜手去共度、體驗，迎向更幸福圓滿的人生。

給摯愛的你——

擁有「好關係」，遠勝過世俗中的一切。用愛灌溉，讓生命的大樹昂然挺立、茂盛生長。關係是樹根，愈是希望大樹茁壯，就該將其根深植土壤，大風吹不走、雷雨打不垮，持續綻放你原有的活力與光芒。

「緣」滿小叮嚀

一念之轉，關係改變

夫妻之間積壓多年的「怨懟」，在夢見前世彼此相知相惜後獲得全然釋懷，重拾過往濃情密意。從這個案例中不難發現，**原本看似根深柢固的怨懟，竟是如此虛幻不堪一擊，在心念轉變、重新看見愛後，便如同豆腐渣工程堆砌的外牆，一夕之間應聲崩塌**。當蒙蔽內心的塵土飛揚散去，映入眼簾的將會是——「我，始終愛著你」。

怨懟、責怪和負向情緒，是生命中內神通外鬼的「弊案工程」，但人們卻依然不自覺地深陷其中難以脱困，原因出在於欠缺一位清楚洞見全盤狀況的優質監工者，也就是我們自己。當我們無法及時察覺自己正在施作負向的「虛幻情緒」工程時，這段期間心已被錯綜複雜的幻覺給掩蓋住，一葉蔽目，難以感受到絲毫幸福。

真正的愛，永遠是完整無缺的。不過愛分為「禁錮」的愛和「自由」的愛兩種，在無法發現自己的愛屬於前者之前，**我們經常誤認為愛必須要以「有條件的」、「公平對等的」為付出原則，甚至延伸出索討、依賴、渴望、獨占等不同模式，讓愛被自我主觀期待給囚禁住，期望對方用「我想要」的方式來愛我們**，當事與願違，則容易讓人有「不夠被愛」的感覺，進而順勢織構出低潮。要擺脫這層狀態，必須先能觀察出這道自行對愛施加上的禁錮圍籬，一旦「發現了」圍籬以外的世界，心，自然而然會嚮往走出困境。

另一種愛則是「自由」的，與前者的差異之處在於，**自由的愛沒有既定應該要如何去做的概念或設定，沒有任何條件、步驟，也毫無負擔壓力，再自**

然不過地存在著，沒有時間空間、距離遠近的問題，無論看得見、看不見一樣愛，陪伴或不陪伴也愛，在不在身邊、有沒有回應都愛，自始至終在那裡不曾離開，等待著我們去「體驗」與獲得。

【谷神心法①】

接納自己，遠離對「情緒撫慰強心劑」的依賴

雙腿骨折後，必須打上石膏幫助骨骼固定恢復，並依靠拐杖等輔具支撐行走，後續還需仰賴復健器材訓練肌力，才不至於因肌肉萎縮影響行動。**當內心失去「力量」，等同於失去智慧和平靜，此時只能仰賴負向情緒產生的反作用力，以便對抗外敵和保護脆弱的心靈。**

負向情緒，只是短暫撫慰心靈的「強心劑」，暫時讓我們「充當」一個有力量的自己。只是，倘若我們持續用宣洩負向情緒的方式保護自己，就像雙腿骨折打上石膏卻永遠不將它拆除一般，得到的結果必然是兩腿肌肉嚴重萎縮，再也無法獨力行走。**情**

緒，永遠是突然之間來臨又在轉瞬間消逝，它只是一種短暫保護自我心靈的安慰劑，治標不治本，且**藥效有時效性，即便效力再強，也總會有消逝的時候**，並非根治內心問題的真正解藥。因此，別對情緒養成依賴的習慣，否則易讓內心難以恢復原有力量，更將與智慧、平靜漸行漸遠。

心法練習

當我們出現憤怒、煩躁、憂鬱、哀愁、挫敗……等任何負向情緒時，提醒自己：「這些情緒都只是塊容易破裂、粉碎及崩塌的豆腐，難以掌握且毫無定性，只能在『心靈無力』時提供暫時慰藉，無法持續倚靠。」此刻，只需要靜靜接納這份情緒，等待它自然崩解、散去。持續練習，內心將因此逐漸積蓄足夠力量，遠離對「情緒」這個撫慰強心劑的依賴，進而蛻變成更輕鬆自在、無拘無束的自己。

正視變調的關係，讓愛重新回流

親愛的，請讓「家」成為一個輕鬆做回自己、毋須偽裝的地方，可以恣意任性、盡情歡笑，自在無負擔地愛著彼此。

兩性關係，是一趟深度的心靈之旅，過程中會對另一半毫不掩飾展現出自己最「天真」的那一面，也可以說是比較幼稚無知的面向，但可千萬別認為這是件錯誤或不應該的事，反倒該說是內心深處表露無遺的一份真誠，只是許多人誤解了這個層次。

從小，我們不斷被灌輸為人舉止應該要成熟、穩重、自信的觀念，**以此為標竿的同時，卻不小心扼殺了最真摯單純的自己，費盡心力想成為那個自我認定「理想中的**

人」。誤以為非得要怎麼做才是對的、才能被別人肯定認同，然後不斷告訴自己一定要擁有什麼，逼迫自己追求學歷、名牌、金錢、美麗、事業、成就感或知名度，換取外界的欽羨目光。**久而久之，原來的模樣不見了**，最初那個單純的「自我」完全消失殆盡，淪為盲目追逐物質的「競賽選手」，陷入我和你比較、你和我較量，永無止盡的遊戲循環裡，感受到快樂的時間也逐漸縮短。

於是，**一旦回到溫暖的家庭，任何成員都希望能夠卸下偽裝做回自己**，倘若在家裡還要全副武裝告訴另一半：「我很有價值、很能幹、很美艷、很賢慧！」只會令人感到疲累不堪。人性，始終嚮往回到嬰兒時期的無憂無慮；輕鬆自在，更是一個溫暖的家不可或缺的條件。不過，假設家中成員有「內心匱乏」的問題，原本的輕鬆氣氛將隨著這份匱乏引發出索討、控制而改變，甚至會逼迫其他人成為「理想中」的模樣，好填補那顆空洞不安的心。一個家應有的快樂歡笑，日漸消失了，然後責罵凌駕了鼓舞，叨念取代了支持，擔憂掩蓋了關心，憤怒蒙蔽了愛，一切，全都因此變了調。

接下來，我們即將走入一場變調的關係，見到男女主角因無法接受「內心復健中」的自己和對方，而產生一連串誤會、傷害與糾葛。這段揪心的歷程，讓我們從中了解到：**反覆摩擦的疤痕，難以自然癒合。當彼此都受傷了，更需要時間及關愛予以復原**。

至於該如何走下去，才能從過往傷痛中脫離？期望你願意用心融入以下事件場景及所敘述的遭遇中，並至少持續閱讀到下一章節結束後才將本書闔上，讓這股無形力量在你內心持續發酵、作用。

農曆年假後第二個上班日，我和往常一樣，會見預約前來請益的信眾，傾聽人們訴說著自己所經歷的生命故事。時間來到下午四點，已在座位上等待的欣儀一見到我，立刻起身並以九十度鞠躬行禮，我也真誠地回應：「妳好！請坐！」她低頭緩緩坐下，難為情地從名牌公事包中拿出一本《緣來，就是你》遞交給我，封面上滿布的摺痕令我感到分外熟悉，當下便聯想起之前資源回收場的事件，而我手中接下的，正是同一本書。

欣儀滿懷歉意又語帶感激對我說：「導師，很感謝您為我簽名，很抱歉我太粗線條，無意間把書拿去回收，正當想再重複閱讀時卻遍尋不著，心急如焚趕到回收場詢問，怎知在徒勞無功準備騎車離開之際，竟然在機車置物籃裡尋獲……這出乎意料的失而復得，像是作夢般奇幻！您尚未出版這本書之前，朋友間極力推崇您，當下我便來電預約一直等到今天，終於能親眼見到您。」

我笑著說：「這是一場難得的緣分。我很少有機會去資源回收場，沒料到會在那裡意外發現自己的著作。然後，又恰巧在圍牆外聽聞妳和老闆娘的對話，得知始末後，便補上簽名將書放回妳的摩托車上，代表我的一份祝福，把書物歸原主。」

欣儀喜出望外地說：「原來如此！我見到書擱在置物籃時嚇了一大跳，讀完您寫在便利貼上的訊息後，才明白我遇到作者了！那時我心中又驚又喜，可是卻遍尋不著您的蹤影。感謝《轉運造命之道》和《緣來，就是你》這兩本書，讓我重新接受了先生，雖然不敢說自己轉變很多，但和以往比較起來，我變得更願意體諒他了。」

我說：「**每個生命的到來都別具意義，任何緣分的發生亦是獨特且彌足珍貴**。既然能擁有一段婚姻關係，也意味著你們是帶著前世對彼此立下的約定而來，無法繼續經營的原因，來自於夫妻互動過程中製造了許多『誤解』，並利用『情緒』支撐著脆弱到不堪一擊的尊嚴，不斷累積之下導致身心俱疲，無力再相處下去。」

欣儀感嘆地說：「導師，我付出的太多，夠了也累了！我的確有著滿腹怨懟情緒，結婚不到一年便後悔嫁給他，現在，就當作是前世欠他今生償還吧！」

我說：「我能理解妳的苦處和無奈，妳先生的日常生活習慣、觀念以及跟妳相處時的態度，粉碎了妳原本對愛情懷抱的甜蜜憧憬。工作上，他表現平庸、缺乏企圖心，又不時向妳抱怨老闆無能，感嘆自己沒遇到伯樂；在公家機關上班卻成天嚷嚷著要換工作，忽略自我檢討奮發向上。休假日時，也只顧著坐在家裡看電視、玩電腦，從不積極主動協助家務。就算妳要求他帶全家大小出遊，也常換來他心不甘、情不願地抱怨東埋怨西；即便來到郊外遊玩，他總會耐不住性子想早點回家，旅途中還必須忍受他忿忿不平指責不守秩序的用路人，坐在副駕駛座的妳只能盡力安撫，防止他意氣用事和他人發生衝突。兩人除了無法溝通，更別指望他能理解妳的心思，長期累積下來，讓妳覺得自己的身分只像個台傭，存在目的僅是負責照顧他的起居生活。」

欣儀不發一語，用眼神取代了默認。我接著說道：「除了兩人相處問題層出不窮，每到過年回娘家期間，更讓妳加倍糾結難受，他會在結束探訪後不斷數落批評妳娘家。對妳而言，這場婚姻已算是形同陌路，之所以勉強繼續，只是單純為了給孩子一個完整的家，才耐住性子、壓抑情緒，維持這段有名無實的婚姻。起初妳以為嫁人後便有了一個終身依靠，沒想到不僅無法依賴先生，還必須逼迫自己更加堅強扶持起整個家庭。也因為有個情緒化、難以溝通的丈夫，導致妳把重心放在事業全力衝刺，同時又一手包辦家務，為孩子準備餐點、打理功課及照顧婆家、娘家，成為旁人眼中兼顧事業及家庭全方位的女強人。外表雖看似堅毅、光鮮亮麗，但其實妳的內心脆弱到一碰就碎。」

欣儀聽我說完，強忍淚水、紅了眼眶故作堅強說：「導師，確實是如此，但為了孩子，我什麼都可以忍耐！」

我繼續說：「妳空虛多年的心靈，在一次公司年終尾牙不經意和一位男同事擦出莫名火花，當下撩動妳對愛情深層的渴望，更在後續互動中深刻感受到彼此情投意合、默契甚深，導致妳在不知不覺中墜入情網。二〇一四年，你們倆開始私下交往，雖然他工作職級在妳之下、做人風評不佳，妳仍舊深愛著他。一種『能被理解』的感覺讓妳深陷其中，不願違背道德卻又無法自拔，暗自矛盾拉扯著。」

欣儀坦然地說：「我承認自己外遇，做錯就是做錯，不應該有藉口。」

我對她說：「**不理解真愛的人，容易不自覺地陷入外遇困境**，這不是做錯而是迷糊。回想一下，二〇一四年底妳堅決想要拋棄婚姻，甚至逼迫先生談離婚，多次大吵大鬧不惜掀起家庭革命，過程中讓孩子飽受心理煎熬，大女兒還因此翹家。這件事最後因妳母親強勢反對而暫時作罷，但妳仍舊沒打消過離婚的念頭。」

欣儀點了點頭，說：「沒錯，我的確沒放棄過離婚的念頭。但是，自從參加您二〇一五下半年到二〇一六年在中正紀念堂舉辦的幾場公益演講後，我躁動不安的心逐漸獲得平靜，嘗試去面對脾氣古怪的先生；在閱讀您的大作《緣來，就是你》之後，更稍加放下離婚想法，鼓起勇氣重新面對難解的婚姻。不管這個碗破得有多碎，我都願意試著去修復，也許如您書中所說，我和我的先生是前世相約一同前來。」

我讚許地說：「妳的想法正向且積極，但目前妳尚未向外遇對象提出分手。」

欣儀面有難色問道：「導師，我跟外遇對象能不能不要分開？他對我真情真意，我這輩子沒遇過如此懂我的男人，一旦放手，會像失去全世界般的孤寂。」

我說：「歸咎這場外遇發生的主要起因，**來自於妳內心長期孤立無援的『匱乏感』，吸引了內心狀態與妳相近相似的男人**。他雖然表露出對妳細心疼愛、傾聽理解，但骨子裡卻充斥著壓抑和沒自信，並藉由同時交往多位女性博取關愛，來安撫他心中隱隱作祟的自卑感。職場上他表現平庸，年過四十還未擁有房產，也不願意努力進修，成天只想結交女性友人，說穿了，你們倆只是內心匱乏的結合。性格上，他和妳先生並無太大差異，甚至妳丈夫在感情上的專一程度還遠勝過他。」

欣儀不解，語帶埋怨問道：「可是我老公完全不願意理解我，這種冷漠，給我的感受像是身處在漆黑監牢般孤獨茫然，也讓一個家變得不像家。前世我到底欠了他什麼，才讓我現在這樣痛苦？」

我回答道：「這是一場極大的誤會，妳先聽我說一則真實的故事。」

突遭變故，未完成的「相約來生」

清朝乾隆年間，山東省一戶有錢人家姓劉，家中二小姐不但才華洋溢、精通琴畫，且面容清秀、氣質出眾，平時更是樂善好施，是村民眼中內外兼備不可多得的好女子。西元一七六五年歲次乙酉，劉家二小姐奉父母之命媒妁之言，在梅月後吉日嫁給了門當戶對的李家四少爺，看似美好的婚姻，卻在成婚後第三年發生巨變。某天下午，取暖用的火爐因人為使用不慎，意外引發大火，導致李家半數宅院燒毀，而正在家中休息的李老爺、夫人和大少爺一家大小，則在這場無情火中遇難逝世。

遭逢大難的李四少爺，帶著僅剩財產與劉二小姐暫時投靠娘家，返家後的劉二小姐，為了延續香火生下一名男嬰。隨著時間過去傷痛逐漸沖淡，本以為可以恢復平靜快樂的生活，街坊鄰居間卻開始傳出許多不堪耳語，認為李家四少爺藉家中事故賴在女方家吃軟飯，偷享清閒。這些流言蜚語，重擊了李四少爺殘存的尊嚴，無法一展長才的苦悶，迫使他開始用酒精麻痺自己。丈人眼睜睜看著女婿如此一蹶不振，憂心自己女兒跟著受委屈，便勉為其難安排他前往外地，掌管一間劉家經營的「銀號」，也就是錢莊。

把握機會重新振作的李四少爺，十分爭氣地努力經營錢莊，不到兩年時間便獲得地方民眾與仕紳肯定，營運也愈加順利。雖然賺得不少銀兩，他仍將盈餘全數交給丈人毫不貪戀。為了能儘快重建自己家園不再落人口實，李四少爺常不食午膳或晚膳節度花費，省吃儉用過著刻苦日子，期盼早日為妻兒添購新宅。

掌管錢莊第六年，他終於如願存夠積蓄，加上以往剩餘財產，準備添購一間房子舉家搬遷到錢莊附近居住時，豈料，卻反被劉大少爺懷疑他侵占錢莊盈餘，以「怎麼會有多餘財力置產」為由，向父親提出質疑。雖然劉二小姐極力為丈夫辯駁，依舊敵不過兄長在家族的影響力，逼得李四少爺必須放棄經營錢莊。被栽贓誤解後的李四少爺，像是被打回原形一般，垂頭喪志之下又故態復萌借酒澆愁，逃避心裡難堪失落的痛苦。

某一天，李四少爺和丈人、劉大少爺、劉二小姐相約前往錢莊清點財務，以釐清誤會為名，實際上是準備進行業務交接。不料途中竟遭遇五名劫匪持刀攔阻威脅，一行人本以為給錢就能了事，但其中一名惡煞貪圖劉二小姐美色，執意上前強擄，狀況十分危急。此時，曾習武的李四少爺為保護劉家人及懷有第二胎身孕的妻子，便衝上前阻撓這班惡煞，並大聲吶喊要丈人、劉大少爺及妻子趕緊逃離現場，同時迅速撿起地上的樹枝，與五名劫匪展開搏鬥。其中兩名惡煞被他強勢反擊給嚇阻，但單打獨鬥的李四少爺仍舊寡不敵眾，最後選擇以肉身阻擋匪徒前進冒犯，好讓另外三人能趁隙逃離。一陣慌亂中，劉大少爺緊抓著妹妹和父親，趕緊跨上馬背，往回程方向逃命。

因頑強抵抗身受多處刀傷的李四少爺，再也承受不住劫匪猛烈攻擊不支倒地，意識逐漸模糊的他，用盡最後一絲力氣，回眸望著妻子遠去的背影，確定妻子及劉家人脫離險境後，才安下心來瞑目闔眼。在一旁的劫匪眼看鬧出人命，一時間慌了手腳，情急之下帶著兩位受傷同夥趕緊逃離現場，放任奄奄一息的李四少爺一人倒臥在血泊中。

馬兒奔蹄的速度再快，也吹不乾劉二小姐傾瀉而下的淚水，她在內心不斷祈禱丈夫能平安脫險，但心頭卻隱隱湧出一股不祥預感，暗示著丈夫可能已經遭遇不測。當她與父親、兄長安全逃離到附近村莊尋求救援，一行人返回查看李四少爺安危時，發現他早已氣絕多時，地面上留有以血水寫下的四字遺言：「相約來生」，但最後的「生」字因氣力用盡，僅有一撇加上一橫的筆劃。這份亟欲傳達卻來不及完成的真摯心意，讓劉二小姐傷心欲絕，更因悲痛至極而一度昏厥。

慚愧不已的劉大少爺，後悔當初自視甚高懷疑李四少爺人品，如今竟造成他為保護劉家斷送生命的遺憾結局，因此厚葬了這位救命大恩人。但劉二小姐卻因丈夫驟逝打擊過大，心情久久未能平復，生下孩子後便得了瘋病，在父親四處奔走請託下，找到一位中醫師得以醫治，經過多年悉心調養，劉二小姐才逐漸康復。

養病期間，常有一名粗壯男子前來騷擾這位中醫師，欲打聽劉二小姐下落。這男子身分是五名劫匪中曾想強擄劉二小姐的那位，他被劉二小姐的美貌深深打動，於事發後放棄盜賊生活洗心革面，立志重新做人以木工維生，又因始終難忘這位令他一見傾心的對象，便開始四處尋找劉二小姐的蹤跡。

創傷與情緒，扼殺了心中的愛

聽完之後，欣儀早已泣不成聲頻頻拭淚。她語帶哽咽問道：「導師，您該不會要告訴我，李四少爺就是我現在的先生，而劉二小姐的兩個小孩，是我今生的孩子吧？」

我點點頭回答說：「沒有錯！妳回想一下，今生第一次見到他的時候，是否不由自主地有一種莫名熟悉、信任和愛慕的感覺，而且極為強烈？」

欣儀擦了擦淚水，說：「確實如此！當初朋友把他介紹給我，剛見到面的那一刻，對他有種強烈的熟悉感、毫不陌生，兩人也很快進入交往階段。期間他對我百般呵護，像捧在掌心的花朵一樣，加上他在公家機關上班，工作及收入頗為穩定，所以交往不到一年我們便順勢走入婚姻。另外，他對理財的確非常專精，或許是前世曾在錢莊工作的關係吧！」

我說：「**緣分，接續了前世的愛。你們在上一世往生後決定相約再來，重新成為夫妻共組家庭，為的是要完成前世未了的遺憾。**」

欣儀贊同但又有些不解地問道：「是啊！可是如今我們怎麼會演變成這麼不堪的局面？難道如同導師書中所說，一切都是因為『不信任』和『情緒』造成的嗎？」

我說：「沒錯！李四少爺前世原生家庭遭逢劇變，加上街坊鄰居的輿論壓力，為了力挽尊嚴而積極經營錢莊，好不容易存到積蓄，不料卻又被大舅子誤解懷疑，最後甚至不惜以肉身保護曾經傷害他的劉家，有志難伸又滿懷遺憾的人生，讓他心中累積許多尚未化解的苦悶。隨著時空推移來到今生，前世經歷加上靈魂慣性影響使然，自小時候開始便對『負向情緒』格外敏感，習慣用『曲解視角』解讀人生，導致他形成創傷後第四類人格特質，對他人時時抱持疑心猜忌、無法信任，遭遇人事物容易用不屑一顧或批判方式回應，對日常生活難以提起興致、缺乏探索動力，人生只為了活著而活，無法以同理心和他人相處。」

欣儀無奈地說：「他這樣長期冷漠對待，任何女人遇到他，有再多的愛也會被消磨殆盡的。」

我說：「前世今生被壓迫的心智無法獲得伸展，造就了妳先生的冷漠，但他對愛情的專一向來沒有問題。之所以在工作上缺乏耐性經常負面，源自於前世曾被否定過的生命經驗。今生他的原生家庭環境封閉、缺乏交流，導致他難以理解別人的想法；愛四處批判，則來自於內心潛藏著大量『不信任』的能量，只能透過不斷批評外界，達到宣洩抒發目的。**所有負面行為表現，正代表他尚未脫離內心傷痛的復健期，甚至不**

自覺期待著在未來都要仰賴『情緒』這個撫慰強心劑繼續存活。」

欣儀幽幽地說：「導師，今生的我很恐懼，我不想要過這樣的生活。」

我說：「妳看到他，又再看到妳公公，幾乎是一模一樣的翻版，讓妳更想要逃離他，因為妳不願意到老的時候過著跟妳婆婆一樣的日子。」

欣儀點點頭說：「對！這就是讓我極度焦慮和想要擺脫的原因。」

我繼續耐心地為她分析，說道：「前世妳因先生早逝，造就了創傷後第二類人格特質，並將這種人格模組帶到今生，讓妳在成長過程裡經常懷著『不安全感』，逐漸變得愈來愈容易懷疑自己，對任何事物總是戰戰兢兢，深怕做錯和擔憂造成他人困擾。所以，對內妳成了控制狂，強迫親人符合妳的期待，對外卻又渴望尋求他人肯定，不斷逼迫自己任何事都要做到盡善盡美，好博取他人認同。**林林總總的一切，無非是希望自己能成為一個『理想中的人』，藉此支撐妳脆弱的內心。**」

欣儀坦白地說：「是，我是很神經質的人，凡事不順我的意就會抓狂，用激動情緒嚇唬他人，還要他們完全依照我的要求來做才行。」

我接著說：「這麼一來，妳養育出來的孩子，就容易患有創傷後第一類和第三類的人格特質，兩者皆會因為自我懷疑衍生出不同問題；第一類的人容易故步自封，無法拓展人生，第三類則會過度保護自己，難以聽從他人建議，反而讓妳得耗費更多心思教育。但想要讓孩子有所轉變的話，必須先從源頭，也就是父母開始著手。」

欣儀困惑地問：「導師，那我該怎麼辦？」

我反問她：「那麼，妳想知道妳的外遇對象，是前世的哪個角色嗎？」

欣儀深吸了口氣，說：「好，他該不會是……?!」

我直白地說：「沒錯，正是那位劫匪。妳改變了他上一世的命運，雖然你們並非相約而來，但他的出現是為了前來找妳，還有破壞妳今生的婚姻。」

欣儀睜大了雙眼，訝異地說：「天哪！我竟然和前世殺夫仇人在一起？今生他們家也是經營木工事業，而且他本身對木工也很在行，只是因為嚮往科技產業才到我們公司服務……怎麼會這樣?!」

我說：「如同我先前所言，一切來自於妳內心的『匱乏感』，因而促成這樁與前世仇人糾結的因緣。這劫匪在今生終於能夠得到妳，必然會很用心理解妳，但妳靜下心來捫心自問：『如果內心不再匱乏，還會想繼續跟他交往下去嗎？』還有，妳是否沒有自覺，每當他跟妳在一起時，除了發生某些關係之外，還會時不時向妳借錢。」

欣儀震驚並以肯定的語氣說：「對！他跟我在一起的時候，不是想要某些關係就是向我借錢，假設我的內心不再匱乏……嗯！我一定不會留戀他！」

我繼續問：「好，那麼如果妳先生不再情緒化，也願意了解妳跟改善封閉個性的話，妳，又會選擇哪一位與妳共度一生呢？」

欣儀不假思索地說：「當然選我老公！」

我說：「答案已經呼之欲出，**一切的問題其實來自於已陷入匱乏狀態的心智**，導致妳無力繼續經營婚姻。但換個角度來看，一個受盡創傷的男人，遇到規矩多、控制狂跟神經質的女人，他也許早已認命，選擇放任自己不願意改變了！一連串的誤會加總下來，造就你們現在如此不堪的局面。」

欣儀若有所悟地說：「導師，聽您這麼一說，現在的我，應該把愛放回先生身上，重新去關心他、支持他、肯定他，攜手創造美好的未來才是。」

我說：「世間所有相遇，都是久別重逢。前世你們因為『愛』相約再來，是緣分造就了今生相遇。**原本該注定擁有的幸福，卻被無知情緒給消耗殆盡**，弄巧成拙和前世仇人出雙入對，卻忽略了前世曾深愛妳、甚至為妳犧牲生命的男人，是多麼不值！」

聽我這麼說，欣儀忍不住又紅了眼眶說：「導師，請再給我一次機會！相信我，您的大作我都快默背起來了！」

我提醒她說：「**當妳用盡方法想要去『改變』先生的同時，反而會讓他覺得自己一無是處，甚至有不被愛的感覺，進而造成二度甚至是反覆的傷害。**」

此時，預約時段已近尾聲，欣儀與我不得不結束這次對話。臨去前，欣儀起身向我鞠躬說：「導師，感謝您今天的耳提面命，已解開我內心許多疑惑。還有，我知道那位前世醫治過我的中醫師就是您，感謝您乘願再來，前世您救過我，今生，我不會再讓您失望。」

我微笑點頭對她示意後，正色對她說：「記得，那位劫匪前世曾經是惡人，今生如果妳毅然對他斬斷情絲，他會變得衝動瘋狂，甚至會想要毀滅妳，這件事，妳不得不謹慎處理。」

欣儀以感激的眼神望著我，向我肯定地點點頭後，告辭離去。

在這個案例中，欣儀嫁給了與她有著深厚情緣的伴侶，原本是美事一樁，卻在婚姻關係中受挫，想要離開前世曾為自己不惜犧牲生命的愛人。長期相處下來積壓的無奈，導致她對這段婚姻倍感無力，匱乏空洞的內心，更促使她一時糊塗意亂情迷，愛上前世間接讓她守寡的殺夫仇人。該愛的無法繼續愛下去，該放的卻又放不下難以割捨，混亂的心情，像是糾纏的毛線球一般，令她幾度崩潰痛哭。

讀到這裡，也許你正為欣儀的遭遇感到揪心不已，但在我看來，最佳的**「逆轉契機」正要來臨**。現在的你，倘若也正遭逢低潮或陷入困境倍感苦悶，不妨換個角度來看，其實，你更應該要為此大肆慶祝一番。為什麼？因為，意味著你**「有能力」見到這片籠罩在心頭滋擾你的烏雲**，而我，更確信你已開始掌握撥雲見日的力量。故事發展至此並沒有結束，切勿闔上書本，請跟著我接續前往下一章節釐清更多癥結，也為自己開啟一扇通往智慧之路的大門。

「緣」滿小叮嚀

關係受挫，不等於「愛錯」

唯有相信愛，才能見到情緒布幕背後那份「愛」的初衷。**在關係中受挫，不表示對方是錯的人；愛得濃情密意，也不代表這個伴侶就是對的人**。我們經常陷入「挫折」等於「選錯」或「該迴避」的陷阱裡，事實上，正是因為內心缺乏力量，無法負荷挫折感帶來的猛烈衝擊，讓我們意氣用事慣性選擇了逃離模式，拒絕勇於面對與經營關係。

永遠別在「受挫」或「死心」中放棄任何關係，除非我們已先完成自己內心該修習的學分，加上對方仍遲遲不願跟隨、無動於衷，才該審慎考慮設下停損點。否則，脫離現在這段關係之後，進入另一段關係甚至到下一世，我們依舊會帶著未完成學分再度回到挫折的原點，重啟學習。

無論是何種關係，**遇見對方處於負向情緒的當下，切勿自行對號入座**，誤認為對方是刻意找你麻煩，其實當事人的內心正深陷困苦之中，對自己不滿意或是有著強烈矛盾與衝突，簡單地說就是：「對方正在對自己生氣。」此時如果施予過多關心，反而會讓對方將這份壓力轉嫁、傾倒到我們身上，引來指責或謾罵，不如給對方一些空間，安靜傾聽並適度地陪伴。

情緒，是用來「保護」及「鍛鍊」我們內心力量的撫慰強心劑。**當受傷後心靈尚未進入癒合階段前，暫且需要仰賴情緒協助平復心情，再逐步從情緒中獲得解脫**，進而淬鍊出更強大的心靈力量，乃至於到最後拋棄情緒構成圓滿。但若是長期過度依賴情緒這個撫慰強心劑來保護尊嚴，除了容易造成旁人不悅之外，甚至會傷害到另一方的心與破壞原有的和諧關係。

移除情緒，方能見到他人脆弱又傷痕累累的心靈，是多麼需要我們去陪伴他復健。用包容與愛幫助身邊的家人、伴侶或親友一同接受正處於心靈「復健期」的事實，並試著諒解對方的苦處，以協助、鼓勵角度看待，則會明白：「他，其實很需要你」。

給摯愛的你——

愛你所愛，忠於所愛，莫忘「初衷」。

【谷神心法②】

當匱乏遇上寧靜安住

心靈匱乏，來自我們急於想要成為「理想中」的那個人，試圖從「扮演」那個角色的過程中獲得他人認同，證明自我存在的「重要性」和「正確性」。倘若無法達到預期結果，匱乏感將逐漸在心中形成，不斷施壓催促你要儘快完成目標、達到目的。

對錢財匱乏，就會費盡心思想成為有錢人；對物質匱乏，便時不時有想要大肆血拚的衝動；對外貌身材有匱乏感，會希望添購保養品或整形、減肥；因孤獨引發匱乏，則會渴望尋覓伴侶，讓自己感覺不孤單；對自信匱乏，便想要成為有權有勢的人；對關係中的信任匱乏，將會因為沒有安全感，不斷向對方索討愛並要求承諾保證……人生諸多追求和所謂的企圖心，其實都是源自於心靈匱乏，但**匱乏其實沒有對錯，只是單純想藉由外界的獲得，填補內心空洞的部分罷了**。

多數人因為討厭自己或缺乏自信心，才會亟欲成為「另一個完美的樣子」，進而四處尋覓心目中認定的成功典範並加以學習仿效。漸漸地，自己好像真的變成那樣的人，也開始被外界肯定，並對此感到沾沾自喜。然而，問題出在於：當我們汲汲營營希望成為那個理想中的人，誤認為內心的匱乏感將就此解除，但假設：原來的你是一匹白馬，因為挫折導致匱乏，某天在馬戲團上見到兔子表演贏得許多掌聲，便開始模仿牠的動作，想把自己改造成一隻可愛的兔子，自此之後，**馬兒壓抑了與生俱來能夠邁步奔馳的「天賦」，成了蹦蹦跳跳的「別人」**，雖然也獲得不少觀眾讚美，卻因此遠離了最初的自己，終將導致徒勞無功，甚至衍生更多問題。其實，想讓內心無所匱乏，不需捨近求遠，只要按部就班依照以下心法引導，持續練習。

心法練習

安靜地只跟自己相處，直受眼前發生的一切及正在進行的事情上，思緒不在未來或過往，安然聚焦在「此刻」靜靜感受著，不多作聯想，沒有企圖要改變什麼的衝動，只是專注地欣賞、品味著。過程中若出現任何想法，都讓它自然流動，不干涉也不阻礙思想這條河流，持續安靜、安住著，並開始接受自己現在的樣子，繼續保持……**當心門打開，全然接納了自己，迎面而來的充實美好將圍繞著你，如影隨形不再消失**。

給摯愛的你——

只希望你能夠真正喜歡上自己，其餘的東西是多麼不重要，因為，它們無法襯托出原來的你，那珍貴且獨特的你。

揮別過往創傷，帶來更高一層的幸福

愛，來自於久遠前的一場約定，跨越重重時空只為了信守承諾，與摯愛的你相遇，再續前緣。

關係，囊括了親情、友情、愛情乃至於世間萬物之情。要讓一生圓滿無憾，最迫切的莫過於用心經營與修補得來不易的緣分。或許，你在檢視生命中的所有關係時，腦海劃過的是一幕幕謾罵、譏諷、否定、霸凌、背叛……等不堪回首的過去，讓你的心隱隱作痛。但請放寬心，這一切的挫折痛苦，都無損關係背後最珍貴的「愛」，只是尚未理解這一點的我們，還不明白該如何從挫折中「清醒」而已。

親愛的，別再因為過往創傷而繼續逃避、沉睡下去，我，正在一旁等待、守候著你甦醒……

上一章節的個案主角欣儀，過了一個多月後再度與我見面。期盼你能靜心閱讀接下來的內容，再次融入欣儀的境遇並隨著她的生命轉折，卸下層層厚重情緒包袱，一起走出陰霾。你將會發現，當障蔽許久的情緒褪去，才能真正接近自己的原貌。

距離欣儀前來請益後隔半個月，她寫了一封長達十幾頁的電子郵件給我的助理，內容大意是：她遵照我的提醒，在回去之後第二天上班便向外遇對象正式提出分手，因消息太過突然，一時之間無法接受的對方，居然在當晚來到欣儀家樓下等待並激動表示：「如果堅持要分手，他將不惜一切代價玉石俱焚！」欣儀見狀，趕緊向前輕聲安撫，以免對方情緒失控喧鬧，驚動待在樓上家中的先生，讓外遇事跡敗露。這才意識到，上次離去時我曾對她警示過：「要謹慎處理外遇問題」的重要性。

待男方情緒稍微平復離開，驚險化解這次危機後，欣儀帶著惶恐不安的心情上樓。一進家門，坐在客廳沙發上的先生見她臉色慘白，立刻上前關心詢問，此時，她突然驚覺到：「原來，先生並沒有自己之前想像中的冷漠。」而在緊張情緒緩和下來之後，更感受到家中出現一種以往不曾有過，但又難以言喻的獨特氛圍，讓欣儀心中滿是疑惑，不由得環顧四周再三確認，暗地問自己：「這裡，是我的家嗎？為什麼對這裡感到既熟悉又陌生？」

直到第五天下班回家再度踏進家門，欣儀的這份感受仍舊沒有消失，更莫名和先生振達開始有了久違的對話，聊著聊著時間竟來到近凌晨一點，對疏離已久的夫妻倆來說，這情況著實異乎尋常。正當分房睡的兩人各自準備回房就寢時，振達突然轉頭望著欣儀並點頭示意道晚安，突如其來的深情回眸，令她驚訝不已眨了眨雙眼，頓時有些認不出眼前的這個男人，在心中詫異著：「明明已經分房四年多，兩人之間怎麼還會有一股怦然心動的感覺?!」

那夜，她徹底失眠了，但早晨起床後卻毫無疲累感，仍精神奕奕地為孩子準備早餐。女兒離開家門時，突然對她說：「媽，您今天好美。」讓她再次感到訝異不解，只能不斷告訴自己這是幻象，因為一直以來，跟女兒的關係就像相互對立的債權人和債務人一般，幾乎從來不曾有過這樣的窩心對話。

到了第九天，欣儀一家人的相處也開始出現轉變，無論對話或互動都逐漸變得自然平和，不再像以前那般容易爭執吵鬧。更詭異的是，她再也遍尋不著過去那個愛發號施令、控制狂的自己；看到振達準備把剛換下的外出服放進洗衣籃時，還疑惑地問他：「衣服才穿一天而已，為什麼要洗呢？」只見振達滿臉驚訝地回答說：「以前妳不是規定當天穿過的衣服都要馬上清洗嗎？」這才驚覺到自己長久以來的潔癖竟然已經消失無蹤。

當晚，振達更出人意料主動提議隔天要開車帶全家到萬里吃海產看海景。一個不愛帶孩子出門的宅男老公，像吃錯藥似地發起全家出遊活動，讓欣儀又驚又喜，卻又對這一連串不尋常的事件感到不解，腦海不由得冒出許多問號，心想：「難道是紫嚴導師暗中協助，對我們家施了圓滿的咒法？」

第十二天晚上，欣儀打理完家務並安排好隔天工作行程後，走進浴室準備沐浴時，赫然發現浴室掛勾上掛著一件乾淨的浴袍，是她平常梳洗完後穿的連身浴袍，疑惑著家裡有誰會這麼貼心先幫她把浴袍放好的同時，還忍不住心想：「紫嚴導師有需要這麼大費周章施法幫我掛浴袍嗎？」沒想到當她梳洗完畢走出浴室，卻看見振達站在浴室門前，帶著微笑對她說：「我怕妳剛洗完澡會著涼，所以預先幫妳準備好浴袍。」

面對這意想不到的貼心行為，頓時讓她慌了手腳不知如何應對，只能快步走進臥室，躺在床上凝望天花板，再次告訴自己：「一切都是幻覺！」跟過去相較，這陣子的變化實在太不可思議，全家人怎麼會像吃了糖蜜般一個比一個還體貼？而原本冷漠消極的老公，又怎麼會突然變得如此浪漫主動呢？

帶著未解的謎團，時間來到第十三天，欣儀在和母親用視訊電話聊天的過程中，母親不解地問道：「女兒啊，好久沒看妳露出笑容，整個人看起來容光煥發，難道是懷孕了嗎？」她又好氣又好笑地回答說：「當然不是，妳女兒都快要更年期了，哪可能懷孕呀！」通完電話後，她禁不住大膽臆測：「母親也被灌了不知名的神奇糖蜜……」

當她回到廚房整理碗盤時，振達更突然緩緩走近身邊，含情脈脈地望著她說：「老婆，妳今晚很美，好久沒見到這麼美麗的妳了。」驚喜又害羞的欣儀，正想詢問先生怎麼會說甜言蜜語時，振達突然以迅雷不及掩耳的速度親了她臉頰一下，並轉身快步走回房間陪大兒子就寢，留下在原地詫異不已的欣儀。震驚之中，她決定要寫信給我的助理，娓娓道出這段時間發生的諸多奇妙事件，希望能就此解除她心中的困惑。

我的助理因公務繁忙，每天需瀏覽近千封的訊息及電子郵件，一時間無暇分身仔細閱讀，這封長信不得不被暫時擱置在收件匣中。幾天過去，遲遲未收到回覆的欣儀，終於按捺不住致電給我的助理，想親自詢問清楚。

欣儀說：「小編師姐您好，冒昧請問有收到我前幾天寄出的電子郵件嗎？」

助理回答說：「有，不過因為信件內容比較長，我還沒有時間仔細看，妳方便先直接告訴我發生什麼事嗎？」

欣儀不好意思地問：「請問導師會對信眾施予讓人變得幸福或甜蜜的咒法嗎？」

助理果斷回答：「不太可能！如果導師要以道家法術助人，必定會先經過對方同意，近二十年來都是如此，未曾改變過。況且導師從不隨意使用法術解決他人問題，這麼做的話，會讓當事人難以從中學習增長智慧，也背離導師指引世人的真正用意。那麼，導師有詢問過妳相關的問題嗎？」

欣儀說：「沒有。還是，導師有暗中幫助我們家成為幸福的家庭呢？」

助理答道：「這我就不太清楚了，印象中妳有幫先生預約下星期二晚上的請益時段，到時候當面請示導師，應該會比較恰當。」

欣儀說：「對！我的確有幫先生預約。」

助理接著說：「再提醒妳一下，他前來請益必須是『出於自願』，不能強制或哄騙他來，否則我會請他回去的，這一點要先跟妳說明。」

欣儀連忙說：「好！我會尊重他的意願，當初是他極力請託，我才致電預約，也一定會再次跟他確認。」

隔週二，欣儀依約和先生帶著兩個孩子一同前來，進門之前，她對助理提出讓先生和孩子在外頭等候五分鐘的請求，因為有私事想向我請益，獲得助理的同意後便入內等待。

欣儀一見到我，恭敬地彎腰鞠躬說：「導師您好！」

我答：「妳好！」

待我坐定位後，欣儀迫不及待地對我說：「請教導師，自從上次向您請益之後，家中發生一連串無法解釋的怪事，為什麼會這樣呢？」

我淡定地說：「應該是好事，不是怪事。」

欣儀說：「是好事沒有錯，但我先生像變了一個人似的，會幫我拿盥洗衣物甚至主動吻我，跟女兒之間的關係也大幅改善，整個家的氣氛突然變得和樂融融。還有我長久以來的潔癖跟強迫症，在短短幾天之內就消聲匿跡不再發作；另外，我的笑容好像變多了，連我媽都誤以為我是不是懷有身孕喜事臨門，才流露出久違的笑容。接二連三發生的不尋常事件，讓我百思不得其解，是因為您有對我們家施展甜蜜的符咒或法術嗎？」

我笑笑地說：「我完全沒有對妳施以任何符咒，除了真誠祝福之外，什麼都沒做。」

欣儀難以置信地說：「可是，介紹我來見您的朋友跟我說過，您曾經遠距離幫助過她，所以我一直以為這些好事全都是您的隔空協助。」

我笑說：「妳朋友是因為我答應過會協助她，但對於妳，我並沒有允諾過什麼。」

欣儀更加疑惑地問：「那我怎麼變成了一個沒潔癖的人？又是什麼關係，讓家裡氣氛愈來愈甜蜜和諧？」

我正色對她說道：「因為，妳全然理解了前世今生互為因果關係，**累積許久的負壓情緒得到全面性釋放，卸下了千斤重擔，恢復原本『寧靜而安住』的心智狀態，自然有所轉變。**」

欣儀依舊有些困惑地說：「導師，不瞞您說我上過許多課程，包含光、氣、合一、瑜珈等等，花了上百萬元也擁有一堆證書。以前也學習過靜功，卻沒有任何起色跟改變，雖然您說是平靜讓我的家庭氣氛出現轉變，但我還是無法完全理解。」

我說：「妳這次的『寧靜而安住』和以往不同，過去的妳是帶著匱乏的心智去學習課程，僅能從中獲得短暫平靜跟滿足，最終得到的回饋仍是匱乏。」

欣儀恍然大悟地說：「原來如此。難怪我每次上完課後不到一個月，又開始像洩了氣的皮球一樣覺得無力倦怠。」

我說：「**當內心深處緊繃的細微意識獲得全然釋懷與輕鬆，那份深刻喜悅是不可言喻的。心智一旦鬆綁，自然不再焦慮，妳的潔癖和強迫症也跟著順勢瓦解**。這陣子，妳有沒有感受到自己的身心變得格外輕鬆？」

欣儀仔細回想並再次沉靜感受後，說道：「真的！聽您這麼一說，我才發現到這陣子身體和心情都輕鬆許多，原本容易看不順眼的外界事物，也很難引發我的怒氣，更經常感受到一股莫名的愉悅。」

我說：「**內心的匱乏，無法依賴外界替妳處理或清理，因為那是從久遠前世帶到今生的課題，解鈴還須繫鈴人。**」

欣儀點頭說：「沒錯！現在我總算能明瞭導師所說的，這神奇的轉變實在太讓我驚喜了！另外想請問導師，跟外遇對象分手這件事，又該怎麼處理才好呢？」

我答：「猛烈暴雨沖刷山區，滾滾泥流挾帶大量沙土，山腳下的居民勢必面臨水患危機，得經過一段時間讓它自然退散。」

欣儀問道：「您的意思是說要用漸進式的分手方式，給對方一段時間慢慢放下，才不至於兩敗俱傷嗎？」

我微笑點點頭說：「對！很有慧根！現在，該讓妳先生進來了！」

在輕鬆中，消融心靈傷痕

隨後，振達和兩個孩子在助理帶領下來到我的辦公桌前，將手上的禮盒致贈給我，略帶緊張靦腆地說：「您好，紫嚴導師！」

我面帶微笑對他說：「你好，請坐。對於太太的改變，你有發現到嗎？」

振達迅速回答說：「有！而且覺得很神奇。」

我不發一言看著振達許久，然後轉頭對欣儀說：「好男人，就是好男人。」

欣儀有些疑惑地問：「導師，但您不是說過他屬於創傷後的第四類人格特質嗎？」

我皺了皺眉頭，反問她說：「自從妳上次跟我見面之後，難道妳沒發現他的受創者特質逐漸消失了嗎？」

欣儀點了點頭，半開玩笑地說：「是這樣沒錯！不過，除了受創者病徵好轉許多，好像，還變得比較女性化一點。」

振達帶著無奈又有些想笑的表情對我說：「導師，不好意思，想向您請益，之前欣儀有跟我談到您說過的四種創傷後人格特質，所有的類型全都出現在我們家了，這是為什麼呢？」

我答：「**受創的定義，由當事人感受到『被傷害』、『不被接納』和『厭惡自己』這三大要素構成**。先從你們兩位開始說起，前世因心性不夠圓融、智慧不足製造出傷痕，爾後隨著靈魂慣性帶到今生，進而在今生遭遇中**自然揀擇與內心傷痕相對應的人事物，對號入座讓自己進入二次創傷的狀態裡，強化了傷痕的深度跟活性**。又因為每個人的性格差異發展出不同類型，當中以我提到的這四種最為常見。振達，你用懷疑、否定甚至是批判他人的方式，達到平息情緒的目的，宣洩完後才得以獲得些許平靜。而且你幾乎沒什麼朋友，親情、友情關係都十分淡薄，夫妻相處也時常讓你感到無奈，導致你一心嚮往早點退休，才能如願過著少跟別人往來接觸的輕鬆生活。」

振達贊同地說：「雖然聽起來有點難受，但我完全承認並認同導師所說的話。」

我繼續對欣儀說：「妳屬於創傷後第二類人格特質，主要由內心的『自我懷疑』和『缺乏安全感』延伸而來，對事物容易焦慮戰戰兢兢，時時擔憂外界對自己的評價，對外極盡所能地去符合他人期待，對內則嚴苛要求自己與家中成員，成了不折不扣的控制狂。自我懷疑促使妳寄望他人肯定來填補脆弱空虛的心靈，卻怎樣都填不滿，反倒加深了原有的匱乏，然後，又因為討厭自己的匱乏而不斷逼迫自己必須更加努力，惡性循環之下，造就妳這個所謂的完美主義者。」

欣儀充滿自信地笑著說：「現在不會了！應該是說，我心裡的控制狂跟完美主義者已經消失了。」

我緊接著說：「你們的兒女，在父母互動冷漠的背景下成長，缺乏『愛』的環境跟仿效對象，加上父親漠視、母親嚴格控管的雙重影響，導致女兒心智出現創傷後第一類人格特質，強烈懷疑自己和他人，也容易否定自我存在及價值。國一之前，她的課業還能名列前茅，但在國二之後便一路下滑直到現在，對未來毫無目標，質疑讀書的目的，不清楚自己到底該學習什麼專長，也常自怨自艾陷入停滯不前的狀態。另外，拖拖拉拉的性格遇上急躁焦慮的母親，免不了出現衝突，導致兩人關係不斷惡化，互看彼此不順眼。」

聽我說完，欣儀女兒低著頭不發一語，總算被理解的她，拍拍母親肩膀要了兩張面紙擦眼淚，流露積壓已久的委屈。

我繼續說道：「兒子和父親關係不佳，來自於無法獲得父親肯定，轉而想從母親身上尋求溫暖時，卻又只能得到『要求』、『逼迫』、『規定』等嚴峻對待，種種負面因子進入內心之後，形成創傷後第三類人格特質，不信任自己也不信任他人，並否定所有針對性的批評指教，活在『世上只有我一個人』的認知概念裡。你們的兒子在校成績普通，和同儕互動疏離，討厭自己也討厭這世界，之所以繼續上學讀書是因為無事可做，缺乏對自己及對未來負責的責任感，孤僻性格也讓他對家中事務漠不關心鮮少參與，最常回答的話就是：『隨便。』無感，成了他的人生座右銘。」

此時站在一旁的兒子應和說：「導師，我真的不知道為什麼要念書，可能是爸媽想要的吧！」

我問他：「孩子，那麼在你班上成績優異的同學，又是為了什麼積極念書呢？」

兒子冷冷地回說：「可能是他們想要未來發展得更好吧？」

我誠懇地對他說：「你，只需要讓自己過得『充實』，讓今天活得很值得，到了明天也不會後悔。」

兒子沉思了一會兒之後，帶著笑容對我說：「好主意！謝謝導師！」

欣儀語帶感嘆，說：「父母關係的好壞與否，對孩子影響真的很大，只怪我們兩個大人自顧自地活在自己的高壓世界裡，差點造成難以彌補的遺憾，幸好現在還來得及挽救。」

振達內疚地說：「導師，我真該用心反省，因為自己的問題，讓一個家變得如此不堪。」

我安撫他們說：「這件事，不需責怪誰也不用反省，從來沒人教我們怎麼扮演好父母的角色，僅能憑藉跟複製上一代的教育模式，再套用到下一代。然而家長像是孩子成長過程中依靠的城堡，城堡堅固與否，對孩子有著舉足輕重的影響。今天，希望你們四位回去以後，對每個成員說話時要用『輕鬆』的語氣，這個簡單活動就交由你們去完成吧！」

欣儀和振達紛紛點頭答應，並相互鼓勵對方之後要一起實行。

我接著說：「欣儀，這份寧靜是否可以延續下去，在於妳能不能繼續以輕鬆的心情面對家庭關係。」

欣儀開朗地說：「好的！我現在才曉得**人一旦『輕鬆』下來，過往的不舒服和痛苦情緒全都一掃而空，而且看到先生不會有厭惡感，反而覺得他『很可愛』**，真的太神奇了！」

振達喜出望外地說：「原來妳這陣子轉變這麼大是因為心裡變得輕鬆啊！老實說，最近跟妳在一起的時候，好像回到當初剛結婚的感覺，甜甜的。」

欣儀害羞地對振達說：「好了啦！孩子都在這裡，你講這些做什麼？」

我說：「振達這樣做是對的，夫妻相愛絕對要讓孩子感受到及明白這一點，讓他們在未來成年後有『健康範本』足以效法，進而把愛傳遞給下一代。」

欣儀帶著寬慰的笑容說：「我真的沒想到全然平靜的力量這麼大，竟然還給我一個幸福甜蜜的家。」

我說：「當你們都**打從心底『願意』了，愛將自然而然回流，讓前世尚未完成的美好得以延續，更治癒了原來受創的心靈**。」

振達說：「欣儀這陣子的轉變，讓我不由得想再好好愛她一次。以前我會在心底埋怨娶錯人便算了，怎麼還傻到生了兩個孩子，現在的我對這一切完全改觀，原來只要家中有一個成員轉變，其他人也會跟進加入參與。」

我點點頭說：「有緣能夠成為一家人，必然會相互牽動影響。挫折的到來不是專程為了打倒我們，而是讓彼此一起攜手跨越之後，走入另一個層次的美滿。」

夫妻倆異口同聲地說：「真的！」

這次請益，在欣儀一家人與我的歡笑互動中結束了。目送他們離去時的幸福背影，心中頓時湧現一股莫名感動。前世無緣相守扶持到老的一家人，如今卻能因為穿越「低潮」，重新燃起對生命的希望且加倍深愛彼此，是多麼甜蜜又美好的事。

準備著手開始撰寫此書時，我的助理在某天早上收到欣儀來信，雖然只有短短三頁，但已道盡一家人在這段期間相處的種種溫馨。她信中闡述，一家四口原有的四種創傷後人格特質愈來愈不鮮明，先生更主動發起愛的擁抱、郊遊踏青、陶藝課、露營等活動，增進親子交流。而《緣來，就是你》所提到：「**一個家最需要的，不是無虞**

的金錢與優渥的物質生活，更不是孩子出人頭地、高人一等，而是經常洋溢著熱鬧、喜悅的歡笑聲。」這段話的真諦，她也終於能領略到。中午看完信後，我特別交代助理向欣儀轉達，希望能將她的故事寫進新書裡，很快便收到她非常樂意答應的回覆。

「緣」滿小叮嚀

心智回穩，解讀視角大不同

任何破碎的關係，來自於投入過多壓力，如「想改變對方」、「抱怨」、「情緒」等，為原本輕鬆的關係增加許多不必要的負擔，如同再堅固耐用的器皿，終究難敵一次次反覆高溫加熱及搥打施壓的損害。但當我們愈不想破壞關係，就愈容易深陷在「緊繃」的泥沼裡，因為，**愛無法在嚴苛環境下自**

在呼吸，最後只能讓自己成為逃避關係的中輟生。

從欣儀的個案中不難發現：**當內心持續安住於「寂靜」狀態裡，不易與過往遭遇或負向情緒織構連結**，與沉重的「厭惡」記憶脱勾後，帶給她煥然一新的感受，甚至尋不回以往愛焦慮、控制與潔癖的蹤影。原因在於：平穩的心智徹底扭轉了解讀事情的「視角」，雖然景色依舊，卻因視角感受不同而造成差異。由於她的心境出現轉換，連帶改變了整體的家庭氛圍，**成員們一步步跟著輕鬆、甜蜜了起來，愛，也自然順勢回流。原來，發自內心的「愛」和愉悅，比感冒病毒更具傳染力，只要你能持續堅持下去，哪怕對方有再頑強的抵抗力，最終也將被你溫暖的愛給感染。**

給摯愛的你——

一眼百年，不再匆匆，為愛愉悅，一生一世。

【谷神心法③】

認清創傷背後的神祕藏鏡人

因為感覺被傷害、不被接納，我們開始「厭惡自己」，**誤認為是這個「我」不被他人喜愛。當這種感覺反覆製造的次數愈多，傷痕相對愈深、活性亦愈高**，進而延伸出各種不同的創傷後人格特質。

以下為十種類型中常見的四種：

◆**創傷後第一類人格特質**：自我懷疑、難信任他人，經常處於「否定自己」的認知裡，不認為自己會成功或被肯定。僅能接納長時間經營累積過的好關係，除此之外，對陌生或不熟悉的人事物多半抱持警戒心與隔閡。

負向狀態：易緊張害怕、壓抑情緒，想付出卻擔憂自己做不好或無法得到想要的回應，不擅長拒絕他人，對未來茫然不安，不敢多加設想。

◆**創傷後第二類人格特質：**自我懷疑，渴望藉由他人肯定換取自我認同與價值，習慣用他人的評斷來認可自己，因而常活在壓迫自己的狀態，要求自己必須事事做得好而且還要更好；對外謹慎、小心翼翼深怕表現不佳，對內則易陷入控制或苛求陷阱無法自拔，進而塑造出完美主義者特性。

負向狀態：慣性焦慮、缺乏安全感，常把自己與他人比較，稍有疏失便反覆苛責自己，情緒起伏不定。

◆**創傷後第三類人格特質：**不相信自己也不信任他人，否定任何針對自己的批評或建議，活在世界上只有我一個人的扭曲認知裡。

負向狀態：孤僻、閉門造車，人情關係疏離，對人事物缺乏感受，謝絕他人關心，常用冷淡態度回應。

◆**創傷後第四類人格特質**：用只相信自己的方式保護自己，活在「我」必然是對的、高人一等的、優秀的、出類拔萃的……等自我感覺良好世界裡，常忽略他人感受與意見，缺少同理心。

負向狀態：假正義之名批判、鄙視、嘲諷他人，行「宣洩內心不平情緒」之實，藉此彰顯自己的存在感及優越感，處事待人皆以自我為中心，專制獨裁，情緒容易失控而有突發性暴怒的情況。

追本溯源，創傷者多數曾承受過下列三種常見的暴力傷害：

◆**言詞暴力**：透過言語譏諷、刺激、詆毀等方式，讓對方心裡感覺難受，以達到抒發情緒目的。

◆**行為暴力**：利用肢體推拉甚至是更激烈的動作施加恫嚇，藉此脅迫對方服從，彰顯自己的威嚴與存在。

◆**冷暴力**：為嚴重精神虐待，相較於前兩者，造成的危害及影響更大。經由冷淡、疏遠、放任、視而不見、聽而不聞等手段，令對方感到極度折磨與痛苦，屬於高度壓抑扭曲的另類殘酷暴力行為。

我們或多或少都曾經受創過，無論是哪一類特質，必然有過一份極為珍視的愛被他人狠心撕裂的遭遇，因而刻劃出深可見骨的傷口。最初劃下的那一刀，或許是對方先行施加的傷害，不論是「蓄意」或「無意」，事實上和我們「沒有直接關聯」，反倒是誰給予了**「最關鍵的第二刀」，更值得我們去深入發掘**。

第一刀是「施」，第二刀則是最為致命的「受」。期待在未來生活中，你能「藉機觀察」究竟是「誰施誰受」的整個過程，並允許自己安住在這份觀察的力量上，不評斷好壞或對錯，對過程中所有念頭、感覺，用保持「已讀不回」的智慧去面對，懂得辨別並切割出「對方因受創利用情緒將傷痛轉嫁給我」和「我的感受及情緒」兩種狀態，不將他人情緒和定義自己是否受傷混為一談。否則易讓自己尚未平復的傷痕再次被挑起，久而久之更**勢必演變成用相同的「情緒暴力」手段去淩虐他人，從楚楚可憐的「受害者」角色轉為名副其實的「加害人」**。**換句話說，每一位加害人的「前身」，絕對**

都曾是受害者。

多希望你能對號入座，誠實檢視自己屬於何種常見的四類創傷後人格特質？**如果有被「戳中」、「點破」或「擊落」的感覺，表示是即將進入轉變的好跡象**。或許，我們的腦袋會因此開始瀰漫一股低氣壓，一種「討厭這樣的自己」的感受再度被喚醒，甚至有一股衝動想立刻闔上本書，來個眼不見為淨。此時，請稍待片刻，因為這正是千載難逢的絕佳機會。不妨趁此好好「陪伴」這突如其來的苦悶，安靜接受這般煎熬的自己，持續保持再保持，不作任何聯想、不下任何註解也毋須與之對抗，只需要「靜靜地陪伴」，很快地，這種感覺將失去著力點，自此消逝無影蹤。

給摯愛的你——

是愛，讓彼此走進關係裡，當中的挫折並非要擊垮你，而是要讓我們從中蛻變出更具勇氣的自己。

第三章

在不同人情關係中，遇見自己

親愛的，感謝緣分讓我愛你；

因為你的存在，我更懂得如何喜歡上自己。

卸下層層偽裝，尋回最初始的愛

世間萬物隨著時間推移，該消逝的終將消逝，唯獨「愛」，不受時空背景影響，始終恆定閃耀光芒，引領你重新探尋……遇見最美的自己。

依前世累積緣分的深淺、遠近等狀態，造就特定對象成為我們今生的父母、師長、子女、伴侶或朋友，再次來到世間相遇。無論扮演的角色身分為何，關係距離是遠或近，一切，都是久別的重逢。在各種關係中學習帶著「愛」付出，從「接納」中領受，除了能夠成就彼此，也讓我們得以遇見不同面向、絢麗多姿的「自己」。

與子女互動，由孩子的性格、行為表現中，彷彿遇見了兒時的自己；父母間的對待模式，讓我們看見自己的兩性關係縮影；在和伴侶相處的過程中，則能反映出我們對待自己的方式。其中，習慣否定自己的人，對應在愛情、婚姻關係上，最終將創造出難以論及婚嫁、尋覓不到適合對象，或是掏空自己付出卻無法擁有圓滿結局等遺憾境遇。

當關係發展走勢不盡如人意，我們容易誤認是外界及他人所造成，忽略了客觀檢視之所以遭遇挫折、不順遂，很多時候，其實是因為自己內心的問題。如同一心希望小孩學習發展順利的家長，用不斷更換學校就讀的方式，期待能遇到一位教導有方的良師，卻在每次入學後都大失所望，不滿每個老師對待孩子的態度不友善或教育方法不周，導致孩子成績及在校表現不佳，卻從未去了解和發現問題可能出在孩子本身，只是一味怪罪校方、老師，藉由批判他人消弭這份失落感，從中獲得些許心理平衡。

或許，這類案例會讓你忍不住搖頭嘆息，但事實上，在各種關係中，都極有可能掉入與上述例子相同的陷阱裡。不過，這並非要你轉而指責自己，如此一來，反倒可能加速摧毀關係。將問題的矛頭指向自己沒有錯，但只需停留在「輕鬆看清楚」的狀態觀察自己即可，逐漸地，你會懂得如何將躁動不安的心「靜置」沉澱下來，釐清困擾已久的情緒，也能更進一步認識自己。

老天不會給你無法解決的課題，所有的挫折在人生旅途中，都只是一種「美麗的撞擊」。關係中的摩擦、怨懟、憤怒、痛苦，點出了存在心中尚未化解的傷痕，讓我們得以一步步走向接近自己、愛上自己的道路，進而從封閉灰暗的幻境中甦醒，敞開心門，迎接更加耀眼的未來。

原本晴朗的天空，過了午後迅速轉為灰暗，不一會兒便雷聲大作下起傾盆大雨。身著雅致洋裝、肩揹高級名牌包，丰姿冶麗的嵐尹前來向我請益。進門後她在換鞋區不斷向朋友抱怨被突如其來的雷陣雨給淋濕，等會得先返家一趟更換衣鞋，才能趕赴晚上重要聚會，直到入座後才停止陣陣埋怨，陪同前來的朋友則一臉無奈坐在她旁邊。

嵐尹一見到我，趕緊說：「導師您好！」

我說：「妳好！這場雷雨讓妳飽受委屈了。」

嵐尹焦躁地說：「真的！老天爺幹嘛沒事下一場大雨，都不知道人間疾苦！導師，容我向您介紹，這位是我的朋友路路，她很早之前預約好您兩天後的請益時間，今天先請她陪我來見習。」

我點了點頭，嵐尹又迫不及待繼續說道：「導師，我想添購第三間房子，該選內湖區還是南港區比較好？另外還想再買輛車子，更想嫁個好先生。」

我不發一語，凝視她許久之後說：「妳覺得物質世界跟心靈世界哪一個比較重要？」

嵐尹不假思索迅速回答：「當然是物質！能握在手中的才貨真價實，用腦袋想的東西對我來說空泛又不切實際。我現在有一間房子在文山區政大附近，另一間在大直靠近美麗華，出入開賓士車代步，人生只要有錢，想做什麼都可以，比如環遊世界、住高級ＶＩＬＬＡ、搭乘遊艇、享受米其林美食、做貴婦ＳＰＡ等等，沒有什麼事是不能實現的。」

我不置可否說：「的確是如此，只要有錢，似乎能夠達成所有願望。」

嵐尹繼續說：「導師您是修道中人，也許我的觀點和陳述對您來說很庸俗又膚淺，但不可否認這些都是事實。」

我說：「先讓我問妳幾個問題，然後再答覆妳剛剛的提問。」

嵐尹爽快地說：「好！請導師發問。」

我問：「妳希望添購第三間房子，是心理想買還是身體想買？」

嵐尹思索了一陣子，答：「是心理想買。」

我又問：「那麼，妳去環遊世界是心理想去，還是身體想去呢？」

嵐尹立刻回答：「當然是心理想去！因為會很開心呀！」

我再問：「那麼，妳大啖美食的時候，到底是舌頭還是腸胃道讓妳覺得食物好吃？」

嵐尹笑笑地說：「導師，這問題太簡單了！當然是舌頭覺得好吃啊！」

此時，嵐尹的朋友路路加入對話，搖著頭說：「應該是心理覺得好吃吧？其他動物也有舌頭，但吃人類的食物牠們未必覺得好吃。」

嵐尹一聽，隨即更正說：「有道理！那我要改答案，是心理覺得好吃。」

我繼續問：「妳想嫁人，是身體想嫁還是心理想嫁？」

嵐尹直白地說：「是心理想嫁，然後再把肉體給他。」

一旁的路路驚訝地看著她，說：「妳怎麼這麼說?!什麼叫把肉體給他啊？」

嵐尹說：「那我再更正一下，是心理想嫁給自己喜歡的男人，再驅使肉體跟這個男人長相廝守，就是台語說的『攬牢牢』。」

我又問：「妳在做ＳＰＡ的時候感覺很放鬆，是身體讓妳感到放鬆還是心理呢？」

嵐尹自信滿滿地說：「我不會被這個陷阱題干擾的！還是心理放鬆，因為身體不知道什麼是輕鬆。」

緊接著，我從抽屜裡拿出一千元問她說：「這是一張千元大鈔，妳剛才說錢很重要，沒錯吧？」

嵐尹點頭說：「如果是真鈔的話，確實很重要！」

我反問她：「那麼，如果是剛出生的嬰兒手裡拿著一千元，這筆錢對他來說也很重要嗎？」

在嵐尹開口前，路路隨即回答：「一定不會覺得重要！」

我說：「所以，錢重不重要也來自於『心』的感受，對吧？」

嵐尹點點頭認同：「對，**來自於我們的認知，也可以說是來自於心。**」

我讚賞地說：「很聰明！所以都是『心』想要吃好吃的、想要嫁人、想買房買車，也是『心』認為金錢很重要，所以一切物質的價值高低，還是要交由『心理認知』判定才算數。假設現在妳身旁有一個用心對待且彼此互動良好的男人，便稱之為愛人，但如果是無心也缺乏交集的話，只能算是陌生人。」

此時嵐尹總算稍微理解我的意思，若有所思地說：「的確是這樣。**所有物質的價值認定，似乎沒有一個不是『心』的感受和欲望。**」

所處世界的構成，完全來自於我們「心」的認知。從一杯咖啡好不好喝、哪個國家的摩天大樓最高，到何謂名牌、名車、豪宅或成敗、富貴、貧窮等所有物質與價值的定義，乃至於喜、怒、哀、樂等情緒，無一不是一種「認知」。而認知，來自成長過程中對遭遇人事物所產生的「比較」和「解讀」，只是愈「向外」與他人較量或從中獲得滿足，心靈就愈顯空虛，徒增混亂與無助。

聽完嵐尹的回答，我再問：「所以，現在的妳，覺得最重要的東西是什麼呢？」

嵐尹答：「錢和心兩者都很重要。」

我提點她說：「錢，是為了滿足心理需求，如果欲望少了一些，錢自然會少花一點。」

嵐尹反駁我說：「可是，人如果少了欲望，活著不就沒意義了?!『心』不就是負責產生欲望，讓我們不會了無生趣，才有繼續活下去的動力？難道不是這樣嗎？」

我反問她說：「這麼說來『心』應該很笨囉？只會創造欲望讓人努力達成願望，然後又繼續生成下一個欲望，反覆循環讓心靈永遠難獲平靜，這樣活著算是有價值嗎？」

聽完我的提問，嵐尹有些動搖，疑惑地說：「是啊，『心』怎麼可能笨成這樣?!但是，世界上的人都是這麼過生活的，不然，『心』到底是用來做什麼的呢？」

我繼續問道：「假設，全世界的人類都移民到火星或其他星球，地球完全屬於妳也只剩下妳一個人，妳還會想買第三間房子嗎？又還有需要添購名牌衣物或包包嗎？」

嵐尹直截了當地說：「當然不會！」

我問：「為什麼？」

嵐尹答：「**如果地球上只剩我一個人，那我就不需要這麼多房子了**。不……我真的很訝異自己竟然會說這種話……」

我又問：「那，還有必要穿著光鮮亮麗嗎？」

嵐尹說：「不用！只要足夠保暖就好。沒有人看的話，還需要名牌嗎？連買名牌的錢都省了。」

我說：「可是，很多人認為名牌是一種『品味』的象徵。」

嵐尹說：「當你活在杳無人煙的星球上，再有品味又有什麼意義呢?!」

我問：「照這樣說來，還需要開名車嗎？或者是只要有車可以代步就好？」

嵐尹答：「不需要名車，有可以安全行駛的車已經足夠了。」

我肯定她說：「妳突然變得很有智慧呢！」

嵐尹忍不住嘆了口氣，說：「沒想到，我這輩子深信不疑的人生信念，竟然全都被推翻了，現在的感覺，好像被扔到洗衣店給徹底清洗過一樣。」

我說：「**我們的『心』，終其一生都盡全力投入在『證明自己給別人看』的苦差事裡**，而且有百分之九十的人正在做這件事，**卻遺忘了心底深處真正想要的並非如此。**」

嵐尹無言沉思了一陣，又繼續問道：「請問導師，什麼才是我們真正想要的呢？」

我反問她：「如果，地球完全屬於妳，也只有妳一個人，吃、穿、行、住都不成問題，那麼，妳最想要擁有的是什麼？」

嵐尹睜著一雙水汪汪大眼，正視著我說：「一個愛我的男人，才有個照應可以相互取暖。」

我說：「對！就是**所謂的『好關係』，這才是我們內心深層最殷切的期待**。」

嵐尹贊同地說：「對耶！如果只有我一個人在地球上，沒人陪的話一定會非常孤單鬱悶，我寧可用錢或名牌換一個男人。」

我說：「所以，**當我們能夠安心無虞生存後，第二重要的就是能『去愛』和『被愛』，生命便有了光采**。其餘一切物質，充其量只是來幫襯、點綴人情關係罷了。」

嵐尹若有所悟地說：「這麼說來，我社交圈裡那些閨中密友，幾乎都和導師說的背道而馳，只曉得用時尚精品、昂貴料理和到各國遊玩享受等生活方式，**塑造出『自己很幸福』的假象來掩飾『內心空虛』**，也不懂珍惜身邊的人情關係。」

路路滿臉驚訝，小聲地對嵐尹說：「我沒聽錯吧？妳是不是吃錯藥啦?!妳自己明明也是這種人耶！」

這次，換嵐尹訝異地對路路說：「對耶！導師真的徹底把我的心乾洗過一遍了！」

倘若，你已經獲得地球上一切物質，滿足了那顆充滿欲望的心，接下來最想要的，應當不是去掠奪其他星球資源，而是回歸到內心深處最真實的需求。摯愛的你，當你閱讀至此，是否已經隨著個案主角一步步找到答案？這個答案，其實是我們忽視已久的「人情關係」。請你別再站在原地紋風不動，趕緊起身去擁抱心中的最愛，因為……時間，稍縱即逝。

看著嵐尹如夢初醒的表情，我語重心長地對她說：「嵐尹，最讓我掛心的，是妳和父親之間的關係。這個心結，更導致妳時至今日尚未出嫁，總不能等到徐娘半老的時候才如願吧？」

嵐尹懇求我說：「真的！我好想嫁出去！懇請導師為我指引！」

我顧左右而言他說：「我似乎應該先回答妳一開始最早提出的問題，好像是買房、買車……之類的。」

嵐尹急切地說：「拜託導師指點我這個問題就好，之前說的那些都不重要了！」

我開門見山說：「妳父親生前其實非常愛妳，甚至在離世之後將絕大多數的積蓄財產交由妳繼承。」

嵐尹否決我說：「不！他並不愛我，成天背著母親在外四處拈花惹草，唯一關愛的是我哥哥，之所以留給我這麼多遺產，純粹只是因為他臨終前良心發現，因而對我作出補償。」

我問：「聽起來，妳並不愛他，是嗎？」

嵐尹忿忿不平地說：「沒錯！不只不愛，還很憎恨他！」

我又問：「我算了算，妳獲得的遺產數目並不小，這樣還換不回妳對父親的愛嗎？」

嵐尹說：「導師，我的心剛才已經被您徹底清潔乾淨了，所以用錢是買不回父女情誼的。」

我反問：「錢對妳來說，已經變得這麼不萬能了嗎？」

嵐尹斬釘截鐵地說：「沒錯！錢已經沒任何作用！」

路路大驚失色說：「剛剛的大雷雨讓妳腦子進水囉?! 說話怎麼變得前後不一?!」

我繼續問嵐尹：「妳現有的兩間房產、名車和現金，全是父親留下的，他會這麼做都是為了讓妳未來生活無後顧之憂，就不能稍微寬恕父親一點點嗎？」

嵐尹激動地說：「導師，做不到！我永遠記得他偏心，從小不斷告誡我女生不用有專長，只要等著長大嫁人，要多謙讓哥哥，因為將來他要繼承家業，並透過關係讓哥哥赴美留學，而我只能自食其力去澳洲打工遊學。還有，我更記得他總是用不屑的語氣說我長得像媽媽，幾乎是同一個模子刻出來的。」

我緩頰說：「女人像母親才有女人味，這是一種稱讚。」

嵐尹反駁說：「不！根本不是！他長年以來到處拈花惹草，從不在乎母親感受，也因為我長得像母親，就連帶一起被他冷漠忽視，我真的恨死他了！」

我直白地說：「不論有意或無意，讓妳感覺受傷的第一刀的確是他給的，但是**真正傷害妳的第二刀，是妳自己刺入心坎裡的。**」

嵐尹忿恨難平地說：「怎麼可能?! 分明是他惡意批評媽媽、也討厭我啊！」

我說：「如同妳剛才說過的，**一切都是心的感受和認知，是妳的『解讀』製造出痛苦，並且會不斷持續下去。**」

嵐尹以倔強的語氣說：「那又如何? 我就是要恨他一輩子！」

因他人施加傷害引發難過、無助、怨懟、憤恨、不平等一切苦果，皆來自於上一章節中提到的**「關鍵第二刀」，也是最為致命的「受」**。造成傷害的真正關鍵，其實是我們自行拿起擺放在眼前的刀刃朝心頭狂砍猛刺，不斷自我折磨，劃下一道道愧疚、悔恨的傷痕，甚至開始討厭自己，進而衍生出後續一連串痛苦。

面對一臉憤恨、依舊固執的嵐尹，我再次提醒她說：「愈恨，第二把刀插得愈深；愈苦，就愈無法原諒自己。」

嵐尹不解問道：「導師，我恨父親和原諒自己有什麼關聯呢？」

我說：「其實，妳是**在用『恨』悼念『深愛』的父親**。並且深深悔恨著當初他還在世時，從沒當面對他說過一句：『爸我愛您。』這，成了妳今生最大的遺憾。」

旁聽許久的路路，恍然大悟地說：「原來，真相是這樣的。」

我繼續說道：「現在的妳，作息正常、不碰酒精類飲品且少食油炸、衣著端莊，也善於理財和烹飪，如果我沒說錯，這些全都是父親在世時對妳的叮嚀：女生要懂得保護自己不任意飲酒，少熬夜、少吃油炸食物以免冒痘，服裝不能暴露才顯得端莊，更該懂得理財精進廚藝，好成為一個賢內助。他曾對妳耳提面命過的話，妳全都做到了！」

嵐尹以好強的語氣辯駁說：「不！我會這樣做，全都是為了自己好！」

我放慢語氣，和緩地說：「不。其實，妳之所以能做到是因為……當父親過世之後，妳才真正『聽見了』。」

聽我說完，嵐尹不發一語，眼神飄向一旁流下了眼淚。路路見狀，趕緊輕拍她的背安慰。

我接著說：「**在世時的句句叮嚀，都是耳邊風，人走了，才喚起妳的重視。因為妳對父親的『愛』一直深埋在心裡，從來不曾消逝。**」

也許父母親的嘮叨，總令你覺得煩躁難以平靜，但回到認知上來說，不過是我們將父母的這種行為「解讀」成「索討」，誤以為他們想要逼迫我們聽從就範而已。**老一輩的人經常用嘮叨、要求、干涉來「參與」我們的人生，**話語中夾雜許多憂心和煩惱，容易讓人誤解成是一種「勒索」。不過，**一旦他們離開人世，再也聽不見這些叨念，你，便會懂得什麼是「我聽見了」**。

複雜情緒伴隨著潰堤淚水，嵐尹邊哭邊哽咽地對我說：「導師，我承認，我……

是愛他的。」

我說：「妳母親年輕時常流連忘返於國際標準舞、旅遊、血拚、品酒等社交活動，經常不在家也鮮少將心力放在家庭，內心因此感到匱乏的父親，自然會向外尋求感情慰藉。之所以批評妳像母親，其實是極度憂心妳在耳濡目染之下，將來的行事作風可能與母親雷同，於是便採取激將法提醒妳。**或許表達方式不是妳能接受的，但這也是他憑藉直覺唯一能做的，無一不是愛的呈現。**」

嵐尹難過地說：「我明白了。導師，拜託您告訴我，現在的我能為父親做些什麼？」

我說：「很簡單，只要認真、快樂、平安地活著，一天比一天更無愧於心，並由衷感念過去，因為，妳已經知道父親所做一切都是愛的表現，同時真誠祝福他在另一個世界圓滿無礙，這對他來說，是再欣慰也不過的事了！」

嵐尹強忍住眼淚，以肯定語氣說：「好！我一定會做到！」

此時，路路好心提醒嵐尹：「妳剛剛不是要請教導師何時能嫁個好先生嗎？」

聽路路這麼一問，嵐尹再也抑止不了心中情緒嚎啕大哭說：「那些都不重要了！現在我只希望爸爸在天堂過得好好的，別擔心我，我會乖乖照顧自己。我更想要每天對他說：『爸爸我很愛你，非常愛你，非常非常愛你！我真的好愛好愛好愛你！』」

給摯愛的你——

愛，不論用何種形式表現，蘊藏在其中的依舊是愛，未曾改變。別等到消逝之後才驀然回想起，也許，一切都為時已晚。

「緣」滿小叮嚀

心中有愛，就能遇見愛

覺得自己「不被愛」、「不值得被愛」，出自於內心早已「否定自己」，和外界如何對待並無關係。當我們預先提早一步不相信自己，便會從他人對待中挑取瑕疵，尋找符合內心設定的證據，用來「合理化」及印證、鞏固自己的這份認知，甚至編撰出一連串哀怨情節，躲藏其中無法自拔，進而衍生出更多抱怨並怪罪他人，製造出許多不必要的誤會，更希望他人為了化解誤會而前來主動示好，**企圖用對方的行動證明：「我」是被愛的，也值得被愛**。但，沒有人能夠一直單向「給予」，因為所有關係都必須建立在「對等互動」的基礎上，當我們無法體認到這一點，勢必將增添更多不被愛的傷痛。

先豐富自己的心並相信自己，將會由內而外展現愛人的能力及被愛的特質。再回到任何關係包括家人、朋友、情人身上，才能「見到」對方的付出，像是喜愛化妝及懂得上妝的女性，能夠看出別人臉上的妝容為何，對不了解化妝的人來說，則難以辨別當中差異；一個對車子有研究的男人，才會明白改裝車所費不貲，但在一個不愛車、不懂車的人眼中看來，便是一文不值。同理可證，**當我們心中先有「愛」，自然有能力發現與遇見愛**。

從關係對待中，我們看見了「自我否定」。覺得自己沒有愛、不被愛，猶如一個女人不認為自己美麗或是能夠變美，也就不願精心打扮，起因出自於「否定自己」，更成了心中的阻撓和障礙；一個男人總覺得上司經常找他麻煩，根本問題其實是他從不認為「自己會獲得上司關愛」，依舊是「否定自己」造成的問題。所以，**不順遂的關係中，必然顯現出我們心中根本的病灶所在，唯獨去接納這份否定的感受，我們才能輕鬆做回自己**。

是扭曲的愛，讓人們製造出不必要的誤會，但這些都無損愛的完整與能量。重啟愛的關鍵，在於我們能否看見自己對自己的「不信任」。倘若你願意開始相信自己，不再繼續撕裂自己，將會發現「愛」一直都在，浩瀚無邊，如煙似海。

【谷神心法④】

放下致命的第二刀

無論有意或無心，從他人口中聽見帶有惡意的負面言語，就像是對方在我們眼前亮出鋒利刀刃，一旦聽進去了，便等同於自己親手拿起這把利刃狠狠刺入心中。你可以選擇放聲吶喊哀號，或是壓抑強忍、悶不吭聲，雖然採取的行動不同，但卻有著相同結果，就是內心「疼痛劇烈」。

心法練習

我們擁有絕對的「選擇權」，決定是否要接下這把刀刺進心中，更有權允許自己平靜直視刀刃，停頓三秒後從容離去。這並非視若無睹、漠視他人對你的評價，而是以更具智慧的態度面對、處理問題。舉例來說，面臨他人情緒性的指責嘲諷，倘若將焦點放在看似尖銳的言詞上，便容易與之連結觸發情緒；但當你只是單純、直接地感受對方言語，少了預設立場、批判或評斷，言詞就只是言詞，沒有尖不尖銳、針不針對的問題。**唯有不傷害自己才能「清晰洞見事實」**，並以客觀角度檢視自己。持續練習，這把刀刃將如泡影般轉瞬脫鉤，不再與你有任何關聯，也將引領你進入一場「蛻變」，綻放出散發自信光采的自己。

給摯愛的你——

關係中的不圓滿，為的是讓你遇見那個討厭的自己，進而鬆開那雙不願「放過自己」的手。

從親子關係中，遇見兒時的自己

前世的愛，透過「親子角色」再次延續，今生約定相互陪伴成長，從彼此身上領略生命更深一層的意義。

從前世到今生凝聚深厚緣分，讓彼此再度成為一家人，孩子永遠是父母親捧在掌心呵護的心肝寶貝。特別值得留意的是，為人父母者在親子教育過程中，因遭遇不順心、彼此教養方式差異或相處上的摩擦，不自覺製造大量的「情緒包袱」，恐將成為扼殺夫妻及親子關係的導火線。

一對戀人步入禮堂，結為夫妻誕生愛的結晶，卻因有了孩子感情變調，引發後續一連串骨牌效應，讓原本甜蜜的愛情逐漸轉淡甚至瀕臨瓦解。落入這般窘境並非雙方原先期望的結果，也絕對不是單方面所造成，該如何解開情緒枷鎖，創造圓滿的親子與夫妻關係？就讓我們透過以下個案實例，在關係的迷霧森林中尋得最佳路徑，走出低迷氛圍，讓一切雨過天晴。

路路是一位家庭主婦，先生事業忙碌經常往返各國出差，雖無暇顧及家庭，卻供給了優渥無虞的經濟條件，讓路路順理成章地扮演全職媽媽角色，陪伴獨子成長。為讓孩子的人格、智能發展趨向完整，她固定安排每週兩天下午研讀教育下一代和培養親子關係的相關書籍，也不定時瀏覽討論教養話題的親子網站，從中尋求新世代的教育方法，並不斷嘗試修正跟孩子的相處模式，但堅持六年多的知識薰陶，卻沒能為親子關係帶來好的轉變。

她的獨子就讀國小五年級，在校表現普通成績尚可，令她最為苦惱的是，孩子在家中和在外行為表現不一致，反差極大。每當孩子放學回家後，就搖身一變成為小霸王，隨意亂扔書包鞋子，讓外籍幫傭得緊跟在後協助收拾；加上丈夫鮮少在家，路路更必須適時切換角色，有時要像朋友傾聽孩子講述校園生活及學習情況，有時則須母代父職以威嚴態度導正言行。但孩子年紀愈大個性愈加剛硬不聽規勸，在家性格懶散、目中無人且缺乏同理心，還時不時亂發脾氣，嚴重時甚至用摔東西的方式宣洩情緒，情況愈演愈烈，讓路路感到束手無策、身心俱疲，因而抱著最後一線希望向我請益，期待能獲得指引。

走進門時，路路因過於慌張一不留神被門檻絆倒，導致手中的養生飲品掉落潑灑滿地，我的助理見狀趕緊上前協助清理，好讓她能無後顧之憂請益。見到我後，路路不好意思地說：「導師您好，今天專程帶了養生的銀耳要送給您，沒想到卻被我粗心大意給打翻，真的很抱歉！」

我面露微笑安撫她說：「沒關係！妳的心意我已經收下，別為這點小事糾結了。」

路路感激地說：「謝謝導師！今天來的主要目的，是因為我兒子的性格問題，他在學校還算乖巧，不過一回到家就開始懶散耍賴且情緒不穩定，特別是針對我，像是遇到前世結怨仇人一般，充滿怒意。」

我說：「依前世來看，他的個性穩健，待人處事溫和，由此可知問題不出在前世，所以我們不朝這個方向追溯跟探討。」

路路依舊有些疑惑地問說：「導師，您確定我前世沒有殺了他太太或是誰嗎？不然為什麼只針對我，還被他當成出氣筒呢？」

我說：「妳所臆測的並非事實，起因源自於今生家庭教育出了問題。」

路路無奈地說：「導師，不瞞您說，我積極參加許多教養相關課程，家裡的親子書籍也幾乎擺滿一整個書櫃，教育專家曾提到過、該用的方法我都嘗試過了，但用在我兒子身上卻不見任何效果。」

我肯定地說：「我相信妳確實用盡各種方法，也嚴格要求自己遵照專家的觀點和建議來施教。」

路路感嘆說：「您都知道我的用心，我所做的努力也矇騙不了您的法眼，但孩子的問題依舊存在，讓我感到極度困惑。」

我反問她：「妳有沒有察覺到，前兩天妳陪嵐尹來請益的時候很豁達，現在卻顯得非常急躁不安？」

路路急切地說：「我心目中的萬能大導師啊！這攸關我小孩的未來，當然會著急得不得了！他快上國中了，等到那時候才要教育他，想必比登天還難！」

我說：「問題出在妳先生對孩子教育方式過於嚴格，而妳卻是過度保護溺愛。矛盾的地方在於，妳**用寵溺態度對待孩子卻又期望他懂事獨立**，給了他過多關愛但又要求他能多為妳著想。」

路路莫可奈何地說：「導師，我承認自己很矛盾。因為全家只有我先生說的話孩子會聽，久而久之便演變成他當壞人、我當好人了。」

我繼續說道：「現在的家庭狀況跟妳的原生家庭極為相似，小時候妳的父親十分威嚴，母親則對孩子疼愛有加。**在與子女的親子關係裡，我們遇見了自己小時候曾經熟悉的成長模式，更在不知不覺中將上一代教育模式完整複製，並施予在下一代身上。**」

路路說：「我懂，但我已經盡量避免用上一代對待我們的方式來教育孩子了！」

我搖頭否定說：「沒有！事實上妳跟父母的教育方式並沒有太大差異，請妳仔細回想一下。」

路路回想之後，贊同地說：「的確，差異真的不大！但是我給孩子的愛比我母親還要來得更多，先生雖然嚴格卻很講道理，也有別於我的父親。」

我接著說：「好。妳再繼續回想：還沒結婚前，妳的性格爽朗大剌剌，跟先生相處十分甜蜜，兩人是朋友心目中令人稱羨的伴侶。當時妳深愛著先生，只要一見到他，妳的心頓時像冰塊遇熱般瞬間『融化』；婚後沒多久，妳隨即懷孕然後生下兒子，在坐月子時抱著這可愛的小嬰兒，愈看愈覺得自己那顆心被『徹底融化』了，因此妳更加倍用心呵護這位來到生命裡的天使，卻冷落以往一見面就感到濃情密意的先生，無情地將他放進冷凍庫置之不理，眼中只有孩子一人。而原本爽朗的妳更因為照料孩子變得神經兮兮，成天除了擔心還是擔心，完全無心也無暇跟先生經營兩人世界，保持良好互動。」

路路坦白說：「導師您所說的我都承認，但是我先生已經是成年人，可以自己照顧自己，而孩子還小需要我，當然會放比較多心思在兒子身上呀！」

我說：「孩子能夠擁有母親的關愛是好事，但是妳對先生的態度，才是促使孩子個性跟情緒不穩定的導火線。」

路路說：「可是我對先生並沒有不好，比如飯後切水果給他吃或是幫忙整理出差行李，這些妻子該做的事我都有做。」

我說：「**夫妻間互動模式是否甜蜜，是影響孩子性格的首要關鍵。妳淨做一些台傭可以做到的事，但台傭不能做的，妳卻從來沒想過要為先生做。**」

路路不解地問：「夫妻關係會影響孩子的成長我能理解，但問題是，什麼事是台傭不能為先生做的呢？」

我說：「台傭不會去主動關心先生，無法和他暢談心事、培養默契和給予支持、耐心跟理解，也不能對他做出擁抱或其他甜蜜窩心舉動。想想看，妳家的外籍幫傭可以對妳先生做這些事嗎？」

路路急忙說：「當然不行！這些事只有我可以做！」

我直白地說：「但問題就出在於，妳壓根沒想過要這樣做！」

路路辯解說：「我忙著照顧小孩都快累翻了，還要做那些事的話會更累耶！不過，我會聽導師的話檢討改進……可是，這些事情跟孩子性格養成真的有這麼大的關聯嗎？」

我說：「會累，是因為妳把對先生的關心跟照顧當成一份『工作』，並不是發自內心流露。另外，當孩子見到自己深愛的父母互動冷淡疏離，內心會感受到分裂拉鋸，更會對『愛』的定義產生質疑混淆。而過度保護溺愛孩子，則會**讓孩子誤以為既然媽媽這麼愛我，更該理所當然幫忙我，日積月累之下，逐漸讓孩子失去『為自己人生負責』的能力**。」

聽我說完，路路不禁感慨說道：「的確是如此！小時候我爸媽的相處模式就是各過各的，讓我心裡有著滿滿遺憾，長大後不斷想要撮合他們兩老，想盡辦法讓他們感情回溫、珍惜彼此卻徒勞無功。因此在心中立下：『如果要嫁人，一定要選跟自己心有靈犀的伴侶』這個目標，絕對不要重蹈父母的覆轍。跟我先生從交往到剛結婚那段時間，感情如膠似漆，沒想到竟然在生了孩子後，**不自覺地掉入跟父母親一樣的相處模式裡**。」

我說：「妳從小脾氣不穩定，其實是一種對父母互動疏離的另類抗議，寄望透過這個方式吸引他們倆注意，一同上前關心，讓妳覺得至少他們有『一起』的時候，因為，妳的內心非常渴望全家人能夠相愛和樂。」

路路說：「沒錯！我真的很希望他們彼此珍惜且相愛，這樣的家庭氣氛才是完整且幸福的。」

我繼續說：「如果，**能夠把妳對父母的期望『實踐』到現在的家庭裡，孩子很快會出現轉變**。」

路路驚訝地問：「就這麼簡單?!不需要再多做些什麼嗎？」

我答：「對，就這麼簡單！唯有妳親身實踐把夢想化為現實，世界才會隨著妳的心念變化而翻轉。現在，說說看妳對父母的期望是什麼？」

路路沉思了一陣之後，說：「我希望父母彼此相愛相依，父親可以嚴格但不用常講大道理，還有，能多給我一點肯定；母親應該再樂觀一些，放寬心讓我決定自己的人生，然後回家之後感受到的氣氛是愉悅的，他們倆能感情融洽、形影不離，對我來說是莫大的幸福。」

我點點頭說：「非常好！接下來，妳可以準備開始把這個夢想清單納入落實計劃裡，用行動轉換家庭氣氛。」

孩子的性格，是父母的「復刻版」

此時，路路有些為難說：「導師，可是……我剛說的這些很難做到耶……」

我說：「想想看，如果父母能為妳達成這個夢想，是不是會對此感到無比心安和驕傲？試著將這份感受轉化為實踐的動力，就不覺得困難，而且整個家庭都將因此受益，非常值得。」

路路說：「聽您這麼一說，我好像有點力量了！」

我緊接著問：「另外，從孩子身上妳還看見了什麼呢？」

路路答：「說實話，**我在孩子身上看見自己小時候的模樣**。以前母親愛我卻又不斷要求我，那份沉重壓力直到現在都還留在記憶裡無法抹滅，如今我居然笨到用同樣的方式教育孩子，還把不愉快的童年經歷複製到孩子身上。」

我說：「妳對孩子的要求，都是妳小時候無法達成的理想跟目標，這是一種揮之不去的壓力。」

路路難過地說：「真的！我母親就是這樣對待我的，她書念得少卻要求我必須考上北一女……導師，您讓我看見自己矛盾的地方，我盡心盡力為孩子打理好日常生活大小事，**從沒試過放手讓他自己去做，另一方面卻要求他要獨立懂事**，現在回想起來，這簡直是天方夜譚！原來，自己內心存在著太多衝突，還把這些全丟給孩子，才導致他現在情緒這麼不穩定。」

我安慰她說：「其實，**父母是無法真正去『教育』孩子的**，一般人說的教育指的是塑造或調教，把孩子變成自己想要的模樣，但這和健全教育完全背道而馳，也最讓人無法苟同。」

路路問：「那要怎麼做才算是健全教育呢？」

我答：「很簡單！**父母之間感情融洽，給孩子健康的成長環境。影響孩子人格發展優劣的主要關鍵是『雙親互動的行為表現』**，因為他眼中所看到的一切會直接進入內心深層細微意識裡，成為長大以後待人處事、解析問題時的第一反射印象，對孩子未來的影響極為深遠。」

路路恍然大悟說：「原來如此，我總算能夠理解貫通了！孩子壓根比父母還聰明，教他們沒有用，是因為他們正眼睜睜地看著大人的行為模式。難怪，兒子脾氣拗、愛狡辯像我先生，愛耍老大是我對待老公的翻版，亂摔東西則是我生氣時的樣子，在外跟在家表現不同這一點跟我也很像，千怪萬怪都怪我們自己沒有以身作則。」

我說：「多數人只想要『控制別人』符合自己的要求，但卻傷害對方也傷害到自己，表面上好像是我們占了上風，但這只是暫時的，積壓在對方心中的『情緒』遲早會回流到我們身上。就像妳對兒子嘮叨碎念，**孩子把這份不安焦慮放進心裡時，對妳的憤怒卻不自覺地向外爆發出來，因而造成彼此間的隔閡與傷痕**。」

路路點了點頭，說：「我明白了！導師，您前兩天徹底乾洗了嵐尹的心，現在準備要來乾洗我嗎？」

我笑笑說：「我已經乾洗完了，妳還沒發現嗎？」

路路說：「怪不得我愈來愈能發現問題其實都出在自己，也有很多個性上的問題需要檢討跟改善。」

我提醒她說：「切記！**個性千萬不能用『改』的方式去修正**，也毋須自責和愧疚。」

路路問：「從對待兒子的相處方式，我觀察到自己的膽怯、情緒、偏心、溺愛、頑固跟驕縱，這些難道全都不用改嗎？」

我說：「不用！妳只需要**保持一顆『靜默觀照』的心去了解自己的問題**，下次如果再犯同樣錯誤，就繼續更深入一點地觀察自己；要注意的是，倘若在觀察過程中加以批判或指責，只會讓負向狀態持續下去，甚至更加惡化。」

路路驚喜地說：「這是我第一次聽到如此嶄新的觀點，原來個性不是用改的啊！而且聽您說完之後，我整個人突然茅塞頓開，深刻意會到道家心法的珍貴。」

我繼續說：「來到我們生命中的每一段關係，都是在幫助我們遇見摯愛的自己。」

路路說：「我想更進一步了解這句話的真正意涵，還請導師明示。」

我沒有正面回答，只對她提問說：「先靜下心來觀察自己，除了發現自己的矛盾之外，妳還看見了什麼呢？」

路路沉思自省一會兒之後，對我說：「我自認對這個家無條件犧牲奉獻，沒想到除了累垮自己，還讓心陷入混亂，到最後像是全家人都虧欠我一樣，因為我認定沒有人比我更無私。**誤以為犧牲能換來幸福圓滿，或是『他們會因此更尊重我』的這個想法**，讓我慢慢變成一個愛斤斤計較的女人，以為可以用犧牲奉獻換得操控他人權力的錯誤認知，反倒讓家庭氣氛愈來愈低迷，原來，這一切都是以自我為中心的幻想造成。另外，我把希望完全寄託在先生和兒子身上，製造出鞭策他們有所成就，我才算是成功的錯覺，卻忽略**每個人其實都是獨立個體，也都有屬於自己的價值，更不該將自己的生命價值建立在任何人身上。**」

我又問：「有沒有發現，藉由剛才我跟妳說過的觀察方法，讓視野開始有了不同的『角度』呢？」

路路驚訝地說：「對耶！我怎麼突然之間開竅了？現在有一種很特別又輕鬆的感受，像是心中低氣壓消失了一大半似的！」

我接著問道：「那麼，再繼續深度觀察下去呢？」

路路隨即大口深呼吸並閉上雙眼、靜默片刻後，緩緩張開眼睛說：「我遇見了那個『不接納自己』的『我』，世襲了母親用犧牲奉獻來綁架、占有先生和兒子的行為模式。未來，我準備停止責罰自己，也會經常保持靜默觀照，感受心底深處的聲音，並**讓自己先快樂起來、有能量，再將這份能量自然地回饋到家庭裡**。既然家中低氣壓是我造成的，那麼我相信自己一定也能夠用歡笑退散這股壓力，然後，用甜蜜風暴襲捲我最深愛又溫暖的家。」

聽完她的回答，我不由得面露笑容說：「妳的表現讓我非常欣慰。記得！回去以後用探索人生的方式過生活，妳一定會加倍幸福。」

只見路路滿臉喜悅，以俏皮語氣對我說：「多謝導師誇獎！嚴師果然出高徒啊！那麼，徒兒在此向您告退了！」

我好氣又好笑地對她說：「別耍嘴皮子！看看妳，靜下心之後嘴也變甜了！」

「緣」滿小叮嚀

用陪伴取代溺愛，讓孩子為自己生命負責

為人父母者，習慣將人生價值完全寄託在孩子身上，如此一來便會不自覺對他們投射出過多要求，反倒給孩子額外壓力，如同準備上場的賽跑選手得多背負十公斤重擔參加競賽一樣，令人難以負荷。孩子無法在父母設下的框架中快樂成長，一個口令一個動作的填鴨式教育，加上因過度苛責導致內心受創，反倒容易讓他們變得畏縮，喪失自主探索世界的本能。

如果真的深愛孩子，不妨從小開始啟發他們用「**為自己負起全責**」的態**度面對生活**，父母僅需從旁協助，參與孩子的成長過程但不過度干預，並細心傾聽他們的想法同時給予尊重。這樣做除了能**讓家庭氣氛輕鬆、充滿歡笑**

聲之外，更能讓家成為一個可以互相坦誠說真心話卻不傷和氣的地方。

從親子關係互動中，讓我們遇見和自己內心之間的關係：對待孩子的方式及態度，正是我們如何對待自己內心的翻版，所施予的要求也正是對自己內心的要求；**和孩子之間的針鋒相對，其實是和自己的情緒對話，而跟孩子之間的距離，亦是我們與自己內心距離的遠近**。何不把愛的緯度跟視角拉高，用陪伴代替寵溺、以身教取代教育、鼓勵替代要求、寬心取代憂慮，並用建議替代責罰，最重要的是讓孩子學會為自己的人生負責。此外，**我們更該把焦點拉回到「整頓自己內心」**，時時刻刻保持在坦然且輕鬆面對自己的狀態裡，久而久之便會由內而外散發出接納自己與家人的智慧。

給摯愛的你——

親子互動是一面鏡子，孩子如同你的心，用愛去接納成就他們的同時，也等於完整了自己。

【谷神心法⑤】
當難改個性遇見「靜默觀照」

「知錯能改，善莫大焉」是你我都十分耳熟能詳的名言，意指犯了過錯若能看清楚錯誤並願意改正，便是最偉大的善。道家對於「錯誤」的定義，指的是容易造成未來生命出現「侷限」、「矛盾」，阻礙我們心性遼闊，並會危害他人或傷及對方尊嚴的行為或想法。人生道路應朝愈來愈豁達的方向邁進，若反其道而行，如同電腦程式中的BUG，引發內心衝突造成狹隘僵化的後果，勢必將招來更多委屈或損害他人，而路要愈走愈寬，則是我們安身立命必要的修練。

要如何修正根深柢固的壞習慣或個性？**在谷神心法中，特別強調不刻意「逼**

迫」自己去改正性格，愈強迫自己要改進，只會更加強化深植在心中的負向能量和黏著度，猶如黑色牆壁重新粉刷上白色油漆，表面看似亮白如新，卻仍舊無法掩蓋原本漆黑底色的事實，無法真正藥到病除。谷神心法是從心的「根本」著手，不用逼迫的方式修正問題避免再次扭曲，而是讓性格自然「發酵熟成」進而引發轉變。

《谷神靜默觀照法》

步驟1：鼻子深吸氣，迅速在三秒鐘內吸飽空氣，接著用鼻子緩緩吐氣超過十五秒鐘。過程中需專注在鼻腔吸氣和吐氣的整個過程，並且清晰感受空氣的進與出。

步驟2：重複鼻吸鼻吐十次後，進入靜默觀照。「靜」是輕鬆安寧，「默」則是不干涉、不愧疚、不聯想、不評斷、不行動，只需要把注意力「放在此刻」的情緒或心思上，靜默看待情緒、念頭從升起到落下的每個細節，清楚分明伴隨著，直至它們消逝。

注意事項

練習靜默觀照時不須費力，以「觀察者」、「陪伴者」角度靜靜看著自己的情緒或心思即可，後續不追加評斷或是升起厭惡自己的想法，逐步鍛鍊出靜默觀照功夫。若觀照到難以接受的壞習慣或缺點，比如受不了自己房間雜亂堆滿衣物，每當看見房內衣物時直接進入靜默觀照狀態，腦海中可能冒出：「要動手整理很煩」、「整理好沒多久又亂了」、「我已經很累還要整理」……等浮躁不安的想法，看到這些念頭升起時，毋須壓抑或控制，單純在每一次練習過程中輕鬆安然地觀照，不久之後你會自然而然拿起衣物，以愉悅心情面對及整理。心法尚須持之以恆練習，我深信你絕對可以做到，讓浮躁難改的心性回歸自在開闊。

從師長和友誼關係中，遇見被扭曲過的自己

把「愛」這顆方糖，丟進如白開水般平淡無味的「關係」中，接下來喝到的每一口，都將是香醇甘甜的。

隨著年齡增長，進入求學階段後開始萌芽的師長關係與朋友關係，與我們未來發展和生活品質息息相關。或許你無法理解，這兩種關係和未來究竟有何關聯性，其實，一旦走出父母的羽翼，很輕易能體會：「出外靠朋友，教育跟提攜則有賴於師長」這個道理；出了社會後，與上司、同事間的關係亦是如此。而這一切的經歷，正在你的生命中發生。

不可否認，人類屬於後知後覺的生物，在尚未經過科學印證前的理論，一概被

稱之為假設或謬論，再隨著時空背景演進及發展日新月異的科技，逐步推翻以往舊有認定觀點，確立新的理論。上述情況在歷史、科學等學術領域中屢見不鮮，這意味著每一次的「發現」都是一個階段的成長，如同我們的生命，也需要藉由不斷發現、體驗，才能對自己愈加透澈了解。接下來，請帶著一顆開放的心，跟隨我的文字走入以下場景，讓一個個的「發現」引領著你，探索內心的「未知」，尋覓到有愛的自己。

許多年前，美國某知名雜誌記者特別前來專訪我的修練歷程，並完整記錄我禪坐時的腦波、心律變化等生理狀態。訪談過程中，那名外國女記者曾對我提出一個與修行打坐無關的問題，時至今日仍令我記憶猶新。

當時，她語帶疑惑問我說：「請問導師，您在為人指引迷津的過程中，會有人想要試探您的能力嗎？如果有的話，您又是如何應對呢？」

我說：「與我有緣的人向來不會試探我，但如果遇到緣淺又想試探的人，我會選擇順他的意，將錯就錯。」

記者又問：「可是，將錯就錯難道不會折損您的威信嗎？」

我答：「對方只能用折損我的方式來證明自己『高人一等』，順從他的意願，無非也是一種另類療法。」

記者反問我說：「為什麼不一針見血點破他們的動機，讓對方啞口無言呢？」

我說：「用這種方式並沒有辦法讓他們折服，就像一個人到素食餐廳用餐卻堅持要點一碗牛肉麵一樣，不論廚師如何細心烹煮餐點，也難以滿足對方期待。因為，他的動機是透過玩弄他人獲取存在感，並從我給他的答案中得到一種勝利的滿足感。」

記者讚賞地說：「原來如此，導師比喻得太好了！」

我緊接著說：「整人的人，總以為自己聰明絕頂可以操弄他人，事實上，真正被整到的卻是自己。」

記者不解地問：「為什麼這麼說呢？」

我答：「打個比方來說，如果我和前來試探我的人在同一天去世，他在黃泉路上回溯此生時，只會不斷細數這一生中他討厭過多少人、不相信多少人和恨過多少人，但我在回顧此生時，只會憶起自己曾經愛過多少人，心中滿是溫情與幸福環繞。」

記者恍然大悟地說：「我明白了！因為您的心只聚焦在該如何愛人，而那種人卻是聚焦在該如何不信任人，兩者之間有著極大差異。」

我說：「人生看似形形色色、繽紛絢爛，但其實一切像過眼雲煙般稍縱即逝，過程中擁有什麼並沒有任何實質意義。試著去思維看看：假設此刻我們已經離世，原有的金錢遺產無法屬於你，而是子女和大眾的；回憶也不屬於我們所有，而是還給時間；竭盡心力達到的所有成就全都帶不走；曾獲得的掌聲也早已不復存在，只不過是人生旅程中的片段光輝而已，肉體則歸於塵土。最後，能在『心底留下什麼』以及活著時『如何用心體驗每個瞬間』，才是最真切的存在。其中『愛』對我來說，是最彌足珍貴的。」

聽完我的一席話，外國記者對這獨到見解感到既訝異又讚嘆不已。

扭曲的愛，形成不信任和鄙視

回想近二十年來為世人解惑的歷程，帶著試探動機而來的人屈指可數，不過有個案例的確值得一提。那是在我出版第一本新書後的隔年八月，一位年紀約五十出頭，名叫如芸的女性前來向我請益。她身穿民族風改良式白色棉麻套裝，一頭長髮盤成髮髻，上頭還別著木製髮簪。一見到我，立刻溫婉地起身對我點了點頭，而後以優雅的姿態坐下。

坐定位後，我對她說：「妳好！」

如芸以謙遜的語氣說：「紫嚴導師您好！眾人皆知您是台灣名師、道家高人，後學特別專程前來向您請益。」

雖然她問候我的眼神溫和、語氣輕柔，臉上也始終掛著微笑，看似誠意十足，但衝突的是，她心裡卻有一股極為強烈如洶湧浪濤般的挑戰心念，只是用端莊優雅的態度偽裝，藉此隱藏心中的不懷好意。當時的我心想：「既然她人都已經來了，我順勢滿足她便是。」

如芸開門見山地說：「導師，想向您詢問我母親近來身體微恙的狀況。」

雖然明知她母親早已離世，但我還是順著她的話說：「如果妳的母親有病痛，應該帶她去看醫生治療吧！」

如芸不動聲色，繼續對我說：「可是她每天晚上都因為病痛難以入睡，讓我非常難過。」

我意有所指地反問：「就我所知，失眠的人應該是妳吧？」

如芸反駁我說：「沒有！我晚上睡得很好。」緊接著又說：「我的先生想對我提出離婚，請導師協助我。」

我心想：「她從來沒結過婚，又怎麼會有離婚的問題？」便故作無奈說：「如果要談離婚應該去找律師諮詢，我不是學法律的，無法給妳答案。」

如芸依舊不死心地追問：「那麼，可以請導師幫我挽回我先生嗎？」

見她態度如此誠懇，我不忍心拆穿她的謊言，正想繼續回答，好讓這無緣人順利獲得扳倒一位老師的虛榮感時，卻見到她腦裡有顆不尋常的腫瘤，頓時讓我陷入兩難，在心中掙扎著是否需要善意提醒她。

沉默一陣子後，最終我還是抵不過自己的良心，便對她說：「給妳一個建議，趕緊去大醫院做腦部斷層檢查，我懷疑妳可能罹患腦癌。」

如芸不發一語，過一會兒之後才說：「最近這半年多來，我時不時頭痛，上個月已經到醫院做過檢查了。」

我語帶誠懇說：「到北部檢查會更加詳盡，而且能治療妳的貴人都在台北。」

如芸見我如此關心她，終於卸下偽裝的心防，小心翼翼地問道：「您……是不是知道我剛才所說的都是在測試您呢？」

為了不讓她尷尬，我若無其事地說：「有嗎？我不知道！」

如芸憂心忡忡地說：「不瞞您說，我目前最恐懼腦部的問題，上次檢查完以後，醫師希望我儘快安排時間開刀取出腫瘤。」

我說：「不如來台北就醫，一切還來得及。」

如芸點了點頭說：「好的！我朋友介紹一位醫師，正好是在台北的醫院，很感謝您的寶貴建議！不過，您不介意我剛才的不禮貌嗎？」

我說：「其實，以前我遇到這種情況，大多會假裝不知情並順著對方的提問回答，滿足試探者們想要勝過我的心願，如此一來他們便不會再來找我第二次。如果要用耍弄我的方式才能帶給你們自信，這樣做何嘗不是一個好方法呢？」

如芸疑惑地問：「問題是，我們回去以後會向引介我們前來的朋友詆毀跟中傷您，這樣，不就毀壞了您的名聲嗎？」

我反問她：「如果妳已經得到最想要的東西，還有需要伸手去拿其他東西嗎？」

如芸搖搖頭答：「當然不用！」

我說：「**當我們的內心富足無缺，又何必為了名聲去爭一口氣呢**？」

如芸追問：「這麼說來，歷代帝王或總統都不需要為自己在歷史上的名聲負責嗎？」

我答：「願意為自己人生負起全責的人，跟只要名聲的人比起來，妳覺得何者才是對人民真正有益的？」

如芸沉思一會兒後，說：「我明白了！也見到自己心裡的膚淺與不成熟。利用假問題來請益您，只是為了要突顯自己是對的，並且可以在回去之後跟朋友說對您的評價極差，藉損害您名譽的方式滿足自己的優越感，也能更自傲於所學知識和心靈課程才是至高無上的，卻不知道自己其實並沒有對人生負起全責。」

我對她說：「去神桌前點一支香，向眾神參拜吧！」

如芸為難地說：「可以不要點香嗎？能不能用鞠躬替代？」

我說：「我不會強求妳一定要參拜。也許是因為妳覺得神像只是一塊木雕不足以敬拜，而人應該要回歸自我內心的神性才對。」

如芸點點頭說：「對！我只相信自己的神性，無法接受崇拜神像或偶像。」

我反問她：「那麼，妳見到自己的神性了嗎？」

如芸再次陷入沉思之後，回答我說：「應該沒有。」

我說：「從原本的框架跳脱出來掉入另一個框架，卻沾沾自喜以為找到了神性，像是挑食的孩子改換成另一種食材挑食而已，在父母眼裡看來依舊是挑食，而這個比喻中的父母，指的是神性。」

如芸感嘆說：「聽您這麼一說，原來我完全沒有這個自覺，怪不得我會對周遭的人充滿不屑、挑三揀四，您讓我見到自己的玻璃心和自我感覺良好。」

我說：「妳沒有真心相待的朋友，對師長也難以升起恭敬心，是來自於對人性的不信任。如果沒有了信任這層地基，又經過颱風侵襲的話，妳的心還能留下些什麼呢？」

如芸坦白說：「我承認自己對任何人都有著不信任感。本來預期今天請益過後，可以從測試一位老師的過程裡，將自己對所謂大師的『不信任』完全合理化，這樣一來，就能證明什麼神佛、偶像都是假的，只有自己的神性才是真的。」

我問她說：「現在，妳見到自己剛才不願意參拜的動機了嗎？」

如芸答道：「我看到的第一個念頭是：我信奉的某些課程才是至高無上的，因此有些鄙視與神佛相關的物品。第二個念頭則是我發現自己對被您逼迫要參拜這件事產生抗拒，因為我討厭被權威的人要求。」

我繼續問：「相對的，妳有沒有發現到妳自己也經常鄙視他人呢？」

如芸答說：「有！我常用鄙視來切割、排除和自己想法或意見不同的人，好讓自己有安全感，也因此漸漸失去許多朋友，變得只和一起上心靈課程的同學接觸。」

我說：「所以，對人沒有信任感就失去安全感，鄙視則能夠讓妳獲得短暫安心，最起碼可以讓自己活在主觀認定的安全範圍裡。」

此時，如芸迅速起身走向神桌，點起一炷清香，誠懇地對眾神說：「諸位眾神請恕我愚昧，內心容不下任何一物，今後願以虛心學習。」

回到座位之後，她對我說：「剛才我的第二念頭覺得自己被您逼迫，但其實您並沒有這麼做，而是我扭曲的內心產生了這份誤解的感受。」

我說：「**不信任師長進而討厭權威、挑戰權威，其實是以往被傷害過的情緒出口，以假借厭惡權威的方式消弭心中的痛苦**。世界上沒有誰能夠逼迫我們，同樣的，也只有自己可以傷害自己，而**不信任和鄙視的源頭，依舊出自於『愛』**。」

如芸不解地問：「不相信人又鄙視他人是出自於愛？我完全無法理解，那些難道不是負面嗎？」

我說：「**每個人在出生之後，從嬰兒時期開始便俱備『愛人』的能力，這個天賦是與生俱來的。唯獨在成長過程中，對他人付出愛的時候遭遇否定或排擠，便因此『扭曲』成不信任和鄙視**。好比眼鏡的鏡片是愛，當遭遇外力衝擊導致鏡片被破壞後，將破裂的鏡片戴在眼前，放眼望去所見景物必然和以往不同，變得模糊扭曲難以辨認，解讀事物時也因此出現曲解，無法清晰地洞悉萬物，更造成未來命運走向坎坷。」

聽完我說的話，如芸起身向我一鞠躬後坐下，誠懇地說：「導師，在此向您誠心致歉，請原諒我一開始的莽撞無知。原來是我自己砸壞了愛的鏡片，卻還渾然不自覺。」

我安撫她說：「別糾結這一點，如果妳願意重新修復已經破碎的鏡片，我會感到更加欣慰。」

如芸面露微笑，說：「我已經看到自己的破碎，能察覺到這一點也算是走出第一步了。」

我再問她：「一般人難以察覺到是自己造成鏡片破損，如果帶著這個扭曲視角看待事物，妳覺得他們會變成什麼樣子呢？」

如芸答：「**愛碎了，看事情的角度就會出現問題，可想而知絕對是怪罪他人**，且不斷將情緒丟給外界的人事物，但這麼做的話除了會傷害別人，也勢必反噬自己，造成更多遺憾。」

我點點頭說：「很好！如妳所說，當愛變得破碎扭曲，便會將問題不斷指向外界，並且造成自己和他人的傷害。那麼，倘若愛重新回來了，妳覺得權威還存在嗎？」

如芸答：「權威對於愛來說並不存在，也可以說在愛裡根本沒有權威這個概念。」

我讚美她說：「非常好！妳的智慧大過許多老師，甚至超越了我。」

如芸趕緊謙虛地說：「不敢不敢！您才是擁有真智慧的導師。」

我笑笑說：「**當心敞開了，愛就獲得彰顯**。」

如芸豁然開朗地說：「導師，您點醒了我！在還沒和您對話前，我很抗拒『權威』這兩個字，對於就醫這件事也非常遲疑，因為我不信任所謂的醫療權威，現在我決定到台北來醫治。原來，心病好了一半，可以接受的事物變多了，跟自己內心的神性似乎也接近許多。」

我正色對她說：「如芸，我跟你談論的並非神性，那是其他圈子的說法。**『道』，絕非知識或概念，不是文字、言詞或一切有形無形能加以形容定義，卻又具體囊括在一切萬物、萬法、萬象裡，包含神像抑或是妳所厭惡及欲與之隔離、逃避的事物上**。這些功課就留待妳接下來去體驗跟接納，久而久之，原本封閉的『心』便會重新開啟。」

如芸感激地說：「感謝您的提醒！在這麼短時間內喚回我心中的那份愛，如今對我來說，朋友有緣就該用心珍惜，無緣則給予真誠祝福，對待師長要懷抱信任與恭敬。更特別的是……不知道為什麼，我現在突然莫名地想哭……」

我說：「遇見愛，自然感動落淚。妳我原本緣淺，但因為妳心態出現轉變，讓未來的命運也跟著被改寫了。」

此時如芸的眼淚完全潰堤，邊流淚邊哽咽說：「任何人都能在心念轉變後創造不同的未來，現在，我終於深刻體會到這一點。這份體會，更有別於以往愚痴的『知道』。」

我真誠地說：「未來的妳會過得比現在更美好。記得要儘快就醫，病情很快會獲得控制並康復，我在這裡祝福妳心寬平安。」

如芸激動地邊流淚邊向我鞠躬答謝說：「感謝導師！非常感謝您！」

結束這次請益後，如芸雖被檢驗出罹患一期惡性腦瘤，但在專業醫療團隊照料下恢復迅速，病情極為穩定且不需化療。她自此離開心目中曾認為是至高無上的生活圈，轉而積極投入有機耕作，並結交許多對土地友善的農民朋友，過著日出而作、日入而息的規律生活。過程中她更進一步領悟到：**真正的學習，不在任何課程或教室獲得的知識裡**，也並非在自我感覺良好的框架中催眠自己，而是將雙腳移往用心善待他人與萬物的地方，親身實作實受，用心領略生命的每一分每一秒。

「緣」滿小叮嚀

以「同理心」體諒，修復支離破碎的愛

在朋友關係中，較為常見的是被出賣、排擠、利用、忌妒、報復或鄙視，引發了內心「不被認同」、「被否定」或「被討厭」等負向情緒；在與師長的關係中，則容易因對方權威性的責罰、無理要求、情緒施暴或恫嚇形成傷害。雖然上述情況與前世今生緣分深淺有關，但這些看似負面的互動過程，其實是為了要提醒我們檢視自己的內心狀態進而做出選擇：是以「勇敢」態度面對，從中學習接納與包容；或是逃避壓抑，形成一道道揮之不去的陰影和創傷？如果沒有釐清「造成傷害第二刀是自己施加的」這一點，繼續帶著「困惑」和「糾結」生活下去，將一頭栽進怪罪他人的痛苦泥沼裡，並讓自己愈陷愈深。

倘若，能夠回到「愛被扭曲」這個觀點裡重新檢視，我們很輕易地就能以「同理心」體諒他人。不論對方是否蓄意傷害你，都代表了「**他們的愛在生命中曾經被碾壓過**」而已，就像曾被傷害過的我們一樣。對方的情緒或態度愈是負向，也意味著他們被傷害過的次數愈多、傷痕也愈深。

「尊重」對方過去的人生經驗，並去「接納」他的眼鏡鏡片（愛）支離破碎的現況，同時「包容」對方與我們的不同，而這些對立的存在，也是對彼此生命的幫襯。遭受負面對待時，讓自己的心念走到上述狀態即可停止，否則會不自覺掉入妄加評斷和否定的主觀陷阱裡，反倒撕裂原本穩定的心智轉為鄙視，再度扭曲自己，得不償失。

「緣」滿小練習

互動前，先贈予接納尊重

面對任何關係，不論是伴侶、朋友或親人，先在心底向對方發出善意的心念：「**我很愛你，也願意接納你。**」之後，再進行溝通及互動，你會發現自己的心和態度比起以往變得更加輕鬆坦然。倘若這個對象會對你施予惡劣對待，則可以在互動前、後，真誠地對他默誦以下這段話：「**我『尊重』你跟我的不同，也願意把一份『祝福』贈予給你。**」

以「同等同理心」體恤對方曾經的遭遇，能釋放內心恐懼，並讓你保持在有「愛」的視角，用善待對方的方式同步「照顧」好自己的心靈，進而給予他們支持和祝福。對方的敵意要來或走並非你所能掌握，只需要把一切交由自然決定。當你願意這樣做，一顆「無愧」且「安定」的心正在生命裡重生、醞釀，不僅能為自己開拓全新視野，更能從中品嚐到幸福回甘的滋味。

給摯愛的你——

從朋友與師長關係中，讓我們遇見了支離破碎的自己，同理他人等於鬆綁自己的心，而接納與包容，更能讓大雨過後的天空，浮現繽紛絢麗的彩虹。

【谷神心法⑥】

生氣時，請給我一分鐘

情緒不適合長期壓抑，否則它會以迅雷不及掩耳的速度，循其他途徑折返回來滋擾你。在還未熟練「靜默觀照」法之前，又面臨情緒上升按捺不住的狀況時，建議用「請給我一分鐘」的方法暫時替代，並在過程中練習觀照情緒起伏。

心法練習

準備生氣前，先知會身旁的伴侶或家人，告訴他們：「我現在正面臨情緒困擾需要宣洩，請給我『一分鐘』的生氣時間。」取得對方首肯後，才能開始抒發情緒，一旦時間到則必須停止。如果他人不願接受你的請求也毋須介意，畢竟負向情緒如同垃圾，任何人都沒有義務去承擔別人的壓力，此時務必回到靜默觀照上繼續練習，讓情緒自然來去而後淡化消逝。

生氣、苦悶，像一場突如其來的午後雷陣雨，偌大雨珠自天空傾瀉落下，但停留時間不長，很快地便雨過天晴。當情緒來臨時，效法天地運行在動盪後自然回歸平靜，便會察覺「看似對他人生氣」的我們，**其實是在暗自對自己生氣，對為何是這個「我」遭受這般對待產生情緒，才不甘示弱指責他人一吐怨氣，更讓我們在當中遇見了「正在討厭的自己」**。

從愛情關係中，遇見另一半的自己

親愛的，感謝緣分讓我愛你；因為你的存在，我更懂得如何喜歡上自己。

家，是每個人再熟悉不過的地方，自出生以後到成長階段，我們在這個由鋼筋水泥堆砌而成的房屋裡，與父母、手足一同居住生活，而家庭的整體氛圍更陶冶培育了我們的心性及品格，直至成年後立足於社會，成為大環境中不可或缺的角色。

婚姻關係猶如支撐建構起一個家的鋼筋水泥，一旦毀壞崩塌，成了如半倒危樓般的單親家庭，受苦的不僅是父母，更對下一代造成衝擊，讓孩子對於一個「家」的完整概念隨之破滅消逝。當你將心力完全投注在照顧孩子的同時，不妨捫心自問：「長久以來，是否忽略了與另一半的情感經營，放任婚姻關係任其日漸耗損而渾然不覺？」並用心回顧感受，倘若父母感情恩愛互動融洽，讓我們從小在充滿愛的環境成長，現在的我們勢必會更加勇敢且幸福。

擁有一個圓滿家庭，是許多人的殷切盼望，何不就從我們這個世代開始著手，用心成就有愛的兩性關係，實現自己的夢想也滋養孩子心靈，在愛的灌溉中日漸茁壯，一起往更美好的未來大步邁進。

想體會世間最動人的溫情，該從經營「關係」開始著手。婚姻關係是人生中影響深遠的一環，與伴侶的相處更攸關著未來，甚至是年老之後的生活，該如何面對逐漸失溫的愛情，重新營造甜蜜氣氛進而完整彼此生命，正是此一章節的主軸。而本章節的主角，是一對四年間歷經兩天一小吵、一週一大吵的怨偶，因不堪長期精神折磨身心俱疲，決定前往戶政單位辦理離婚登記。看似走入完結篇的劇情，卻在分開半年後上演大逆轉奇蹟似地復合，重拾如膠似漆的婚姻關係，更在多年後，進化蛻變成身心相依、比翼雙飛的最佳伴侶。

從這個案例中，再次印證挫折並非老天給予的打擊，而是為了引領我們從中穿越，開創另一個層次的圓滿。現在，請將你的心門打開，融入事件男女主角的心境中，與他們一同踏上曾經困難重重、峰迴路轉，最終得以遇見「愛」的神奇旅程吧！

過度在乎，讓愛變成了傷害

時光倒轉，來到二〇〇二年春季，雯玲和丈夫智宇正式簽字離婚，兩人的關係瞬間從夫妻倒退回陌生人。一走出戶政單位，強忍激動心情、身軀微微顫抖的雯玲轉頭望了前夫最後一眼，換來的卻是智宇低頭沉默，佯裝看著手中身分證件，對她的舉動視若無睹。兩人離婚理由是個性不合，雙方皆疲於忍受繼續活在充斥爭執謾罵的婚姻關係裡，多年折磨下來，已將兩人的愛消耗殆盡，更讓彼此瀕臨相看兩相厭的極限，唯有分開才能終止持續惡鬥的狀態。

離婚後一個多月來，智宇始終未曾來電問候，漠不關心的態度讓雯玲大失所望，不由得回想起當初剛交往的兩人無處不是濃情密意，起床後智宇會主動幫忙摺棉被，平時勤於噓寒問暖，上下班則會準時接送，讓她像個被王子緊緊擁在懷中的公主，時時刻刻擁有智宇無微不至的呵護。沒想到婚後兩人角色竟逐漸對調，雯玲漸漸失去了智宇的關愛，甚至經常被他以犀利言詞譏諷；為了挽回過去倍受疼愛的待遇，雯玲用盡全力付出一切照顧家庭，怎知換來的不是丈夫肯定，而是一句句嚴厲苛責……過往回憶不斷浮現，讓她愈想愈不甘心，便在父親引薦下前來向我請益。

雯玲無奈對我說：「紫嚴導師您好，我剛離婚，想請教接下來的人生該何去何從？」

我說：「離婚也可以再重新補辦結婚，電風扇壞了不代表一定要丟棄。」

雯玲不解地說：「可是東西壞了就該丟，還要送修很麻煩。」

我說：「妳放心，原廠多半有保固，即便過了保固期，要找到人維修也不難。之所以會覺得麻煩，只是因為多數人對於物品有著『損壞』等於『不適合』的消極觀念罷了。」

雯玲感慨地說：「我已經離婚，不想再玩婚姻這個遊戲了。人啊！是因為不了解而在一起，又因太了解而分開。」

我搖了搖頭，反駁她的論點說：「錯！應該是說**人因為想探索未知而在一起，卻因誤會和了解得不夠透澈而分開。**」

雯玲說：「導師您應該沒結過婚，像我們結過的人就能切身體會，朝夕相處下來，男人是什麼德性、身上有幾根毛跟在想什麼，我們女人都知道得一清二楚，沒人比我們更貼近了解他們了！也就是因為看得太清楚，所以才選擇分開。」

此時我把放在桌上的通書拿起，貼近雯玲眼前約3公分距離，問她說：「那麼，妳現在可以告訴我，這本紅色通書上寫了什麼字嗎？」

只見雯玲嚷嚷著說：「導師，您拿得太近了，我根本看不清楚呀！要拿遠一點才看得見。」

我反問她：「可是妳剛才不是說就是因為這麼貼近，所以沒人比妳更了解妳先生嗎？」

雯玲趕緊改口說：「要有一點距離才看得更清楚，但也不能太遠。」

我又問：「離婚算不算太遠呢？」

雯玲想了一會兒後，說：「會，還可能讓彼此未來的距離變得無限遙遠。」

我繼續問她：「原本妳和先生在前世約定好，今生要共結連理相愛一生，現在怎麼鬧到離婚收場了呢？」

雯玲有些錯愕說：「導師，應該是我要請問您為什麼我會離婚收場才對，您搶走我的話了啦！」

我說：「我用疑問句，是要妳檢視自己婚姻關係中的癥結出在哪裡，俗話說得好，不經一事不長一智。」

只見雯玲一臉怨懟說：「可是我又沒做錯什麼！先生要我學好料理，我就每天下廚做菜給他吃，也盡心盡力打理家務，卻經常被他找麻煩，成天雞蛋裡挑骨頭不斷否定我，還把我罵到狗血淋頭！他明明應該是我最親密的枕邊人，為什麼卻傷害我最深呢？」

我說：「你們兩個人都沒有錯，之所以**從原本的恩愛演變成壞關係的主因，往往**

是因為彼此太過於在乎對方。」

雯玲疑惑地問：「在乎？那他為什麼老是數落我，把我說得像是一文不值的爛女人一樣？這分明是一種心靈虐待啊！」

我反問她：「妳對不認識的陌生人會亂罵一通嗎？」

雯玲立刻回答：「怎麼可能隨便罵人，我和陌生人又沒有任何關係。」

我說：「對！我們不會去謾罵或干涉跟我們沒有交集的陌生人，換句話說，正是**因為有了關係，才出現爭執或甜蜜等不同狀態。」**

雯玲氣憤難平地說：「算我活該倒楣嫁給他！有了這場夫妻關係然後被他不斷找麻煩跟羞辱，毫無幸福可言，只有爭執，過著痛不欲生的日子。」

見我不發一言傾聽著她的埋怨，雯玲繼續訴苦說：「他老是抱怨我只顧煮飯不管收拾，把廚房弄得油膩膩，又愛嫌棄家裡打掃得不夠乾淨，但自己一下班回到家卻什麼都不做，只曉得直奔樓下健身中心運動，對我完全置之不理，一點芝麻小事都要被他質詢，這四年多來我們兩個除了吵架還是吵架。」

我說：「妳對妳先生的態度也不遑多讓，妳不也經常情緒失控歇斯底里，懷疑他在外面跟其他女人曖昧，還罵他和公公同一個德行自以為是，聽不進任何建議嗎？兩人同床異夢毫無親密關係，更拒絕他對妳示好，比較起來，你們倆應該是半斤八兩。」

雯玲激動地說：「他對我那麼差，憑什麼我要接受他的示好？高興時叫我老婆，不高興的時候酸我是胖子、黃臉婆，哪個女人受得了這種忽冷忽熱，甚至可以說是精神分裂的男人呢?!」

我直白地說：「其實，妳很愛他！」

雯玲逞強說：「不！我一點都不愛他！現在對他只剩下不甘願被拋棄，跟逼不得已要簽字離婚的氣憤而已！」

此時我作勢準備起身離座並對她說道：「我本來想幫妳挽回這段婚姻，既然妳這麼篤定自己已經不愛他，我也落得輕鬆，趕緊回去吧！」

聽我這麼一說，雯玲頓時著急了起來，即刻反悔雙手合十苦苦哀求我說：「好！我承認我是愛他的，剛才說的也全都是氣話，拜託導師指點我該如何挽回婚姻！」

我說：「妳和妳先生宣洩情緒的方式幾乎一模一樣，才造成彼此一連串的誤會。拿妳的刀子嘴豆腐心來說，即便說者無意但聽者有心，**不斷用刺激性言語逼迫對方就範，就像以水投石般毫無效果，不僅容易傷害對方**，還會為彼此製造許多壓力，加速破壞原有的關係。」

雯玲不解地問：「可是我是真心為他好，怎麼會變成傷害呢？」

我答：「**真心加負向情緒，等於負向情緒；愛加上負向情緒，也等於負向情緒；給予建議時加上負向情緒，對方感受到的仍是負向情緒**。因為，帶著先前的不滿和壓力說出來的話，充其量只能稱之為『宣洩』。」

雯玲有些訝異問道：「難道，他完全感受不到我是真心誠意地為他著想嗎？」

我問她說：「回想看看，之前先生帶著情緒給妳建議，那時候的妳，有認真聽進去還是覺得他在發神經呢？」

雯玲答：「我當他又在發瘋找我麻煩，一句話也聽不進去。」

我又問：「換作是妳沒辦法把那些話聽進去，那他又怎麼可能認為妳說的話是建議呢？」

雯玲辯駁說：「可是他老用那張臭臉對著我，樣子真的很兇惡，像是我欠了他好幾千萬似的！」

我說：「如果在你們家放台攝影機側錄，從畫面中看來，你們兩人吵起架來的樣子，應該都像地痞流氓一樣跋扈。」

此時，我再次拿起桌上的紅皮通書，問她說：「妳知道這本書裡寫了什麼內容嗎？」

雯玲回答：「導師我不是您，無法看透裡面的內容，除非您願意交給我翻閱。」

我直截了當地說：「**妳先生好比是這本書，但妳只知其表，卻不知道他這本書裡真正的內容是什麼。**」

雯玲有些遲疑問：「您的比喻指的是……我從來不曾去理解過他內心的感受和動機嗎？」

我答：「正是如此！任何人都需要去理解他人，相對的，也要讓別人有機會來了解我們。」

雯玲若有所悟地說：「原來是這樣。我剛剛說他身上有幾根毛我都知道，實在是很膚淺的了解，難怪我們老是三天兩頭吵架，最後逼到他受不了，只能主動提出離婚。」

我說：「**在愛情中會爭吵不是一件壞事，表示雙方都還在乎彼此**，只是你們還沒有『用心感受』對方的內心世界。」

雯玲難過地說：「可是我的心已經受傷了，什麼都不想做，也提不起動力和他聯繫……」

我說：「以往你們**雙方把自己『值不值得被愛』的判斷，取決在對方的態度和回應上**，每多一次爭執，就給自己多增添一份不被愛的感受，然後又將積壓已久的苦楚抛給對方，惡性循環之下，失去動力也是在所難免。」

雯玲幽幽地說：「我真的覺得自己很不值得被愛……」

我說：「他跟妳一樣，也覺得自己不值得被愛，才會用負向情緒回擊妳，像是一直討不到糖吃的孩子，將難過轉為憤怒一樣。」

雯玲感嘆說：「我們兩個真的太愚蠢了，只知道互相傷害，沒想到竟讓自己失去了愛和給愛的能力。」

我說：「接下來妳要做的，是**不再攻擊對方也不自我防衛**，採取開放的態度，當他是一個好朋友，然後重新展開互動。」

見雯玲表情有些為難，我繼續接著對她說：「放棄傷害對方，自然能看得見他愛妳的心和態度。」

雯玲點點頭說：「我知道了！既然已經傷到見骨，總是需要時間癒合，希望一切都還來得及。」

我說：「電風扇壞了就把它修好，別忘了，這台電風扇裡有著滿滿的『曾經』，也唯有他是最懂妳的人。照我的方式去做，半年後你們必然再度復合。」

雯玲真誠地說：「謝謝導師的提點，我會依照您所教的方式好好對待他，希望能順利修復這段關係，也讓孩子重新有個完整的家庭。」

結束這次請益後，雯玲遵照我的建議，逐步練習用不攻擊、不防衛的方式，把前夫當成是一位好友般對待，漸漸地，兩人從完全沒有聯繫到後來偶爾會通電話關心對方。雖然起初雯玲仍對前夫說的話感到氣不過，而有想要回嘴的衝動，但她總能發現自己又差點退回到以往的對待模式並即時調整，持續修正對話語氣、態度，保持溫和且輕鬆的節奏。恢復聯絡後的第三個月，智宇主動邀約雯玲一起前往萬華夜市的一家冰果店，也曾是兩人相戀初期經常光顧的約會地點。久違的舊地重遊，像踏入時光隧道般，一碗八寶冰更喚醒兩人熱戀時的甜蜜回憶，在彼此細說往事的談笑聲中，也注定了他倆即將重新展開密不可分的未來。

「緣」滿小叮嚀

從肯定與支持開始，踏上關係圓滿之路

我很在乎你，但並不表示會被你激怒產生情緒，因為我……打從心底真心在乎你。

既然深愛對方，就別輕易傷害對方。這不代表你得去壓抑情緒委曲求全，而是先嘗試和自己的負向情緒共處，不把真正造成傷害的第二刀往自己身上刺下，否則像是一對因醉酒雙雙倒地的夫妻，沒有人能夠協助攙扶對方，只能相互說出糊裡糊塗的醉話一般。看到這裡，或許你會覺得不公平，忍不住想要反問：「為什麼每次發酒瘋的都是另一半，自己卻活該成了必須去照顧他的人？」但話說回來，如果兩人平時相處都是和樂融融的話，對方又何須借酒澆愁呢？只要願意從自身開始不斷調整，原本存在於對方心中的一道傷痕、一次否定、一份痛苦，絕對能在你的溫暖「接納」之下日漸消融，化為柔軟的淤泥，成為灌溉愛情的珍貴養分。

任何人都渴望另一半能主動給予自己正向「肯定」的回應，如果對方始終無動於衷，難免產生「誤解」，再歷經時間累積催化，愛會像一個原本精緻完好的蛋糕被胡亂切割到四分五裂。**善意的「回饋」和「支持」，是走向圓滿關係的起點**，如果現在的你覺得累了、倦了，不想再為了迎合誰而改變自己，這表示你自認為的那份「迎合」其實是出於勉強而非真心自願。如果對方確實是你願意相守一生的人，你所給予的愛和包容終究會再度流回到你心田，滋潤著每一株幼嫩愛苗。心中有「愛」，讓人生變得愈加遼闊，宛如水天一色，你也將發現：幸好一切都來得及，一切都不是誤會，而我又是多麼想要……加倍用心珍惜你。

【谷神心法⑦】

當反覆低潮遇見有待「被關愛」的自己

重複出現傷痛、挫折、失意、低潮、憂鬱、被否定……等負向感受，意味著我們在過去沒有正視和關心那個曾經處於低潮的自己，留下未解傷痕，以致於讓「低潮」反覆發作。有些人是對過往某件事耿耿於懷，抑或是懊悔自己對不起某個人、愧疚於當初的抉擇或糾結著過去被誰傷害……等等，始終無法離開那個困境，當類似情況再次上演，深埋於心的痛楚再度被勾起，又因此陷入無助為難之境。

如果將自己比喻為一張紙，每觸發一次傷痛、悔恨、否定或是乞討他人肯定卻無法如願心生怨懟時，所有的負面認知都等同於一次撕裂，讓原本完整的紙張變得支離破碎，而時間似風，將破碎紙片吹散遺落四方。現在我們該做的，是將碎紙一片片找回，拼湊出原本的自己；唯有等到低落情緒再次「重複」發生，才得以循線覓得那些遺失的紙片。然而，假如繼續排斥，紙片便無法拾起，**除非你願意接受那份「低落感」並完完全全「肯定」自己，才能將一個個散落的碎裂紙片拾回，重獲完整**。

心法練習

保持一顆靜默觀照的心，去理解任何低潮皆出於「無法接納自己」所演化出的能量。每當面臨不愉快的情境時，排除利用折磨他人達到宣洩情緒這個手段，也不過度指責、否定自己造成二次傷痕。相反地，我們更應該關愛此時的自己，給予時間讓低迷情緒沉澱下來，不妄加判斷及擅自作出結論。**用靜默寬容的心，重新愛上所有過往曾經：原有的遺憾，在你愛上後轉成喜悅；愧疚，在你愛上後化為心安；而難以消抹的憎恨，則在你愛上後流露最真誠的祝福……一切都成了「收穫」，沒有失去。在愛中，等於真正的接納了自己**。

解開塵封心傷，重拾原有的幸福

雯玲和智宇在關係改善之後，過了一段時間相約前來請益。原因出在回心轉意的智宇希望能夠與雯玲重新辦理結婚登記，但雯玲卻對之前的離婚經驗存有陰影，擔心舊事可能又會重演而卻步，並對此感到糾結焦慮不已，因而遲遲沒有答應智宇的要求……

一見到我，智宇立即請教說：「導師，很感謝您的提點，讓我和雯玲能夠重修舊好，現在我想要重新辦理結婚登記，不知您的看法如何呢？」

我答：「修好的電扇當然要繼續使用，重新辦理結婚登記是一樁好事。」

在一旁的雯玲擔憂地說：「導師，我們兩個現在幾乎不太會吵架，可是我很擔心萬一恢復婚姻之後，我跟智宇的關係會不會又變差，將來又要再次面臨離婚問題？一次的打擊就夠痛苦了，我真的很不希望再有第二次。」

我對雯玲問道：「妳有看見恐懼是來自於之前離婚的陰影，以及對自己的沒自信嗎？」

雯玲答：「是的！我確實被心裡這股反彈力量給深深困擾著，甚至還苦惱到失眠了。」

我安撫她說：「先靜下心來，過一會兒之後，再告訴我除了這股力量之外，妳還看見什麼？」

見雯玲點了點頭開始閉眼靜默，智宇繼續說道：「導師，自從我跟雯玲修復關係後，我發現過去自己在回到家後，不自覺地將在外頭受到委屈、壓抑下來的情緒釋放出來全都丟給雯玲，一切都是我自己的問題。」

我問智宇說：「那麼，你知道是為什麼嗎？」

智宇答：「我當時很天真，覺得雯玲是我最親近的愛人，應該最懂我也能夠接受我的大肆宣洩，沒想到這個錯誤認知，竟然造成難以彌補的裂痕。」

我說：「智宇，現在輪到你靜默片刻，等會兒再告訴我除此之外，你還看到了什麼？」

此時，靜默完畢的雯玲睜開雙眼並開口對我說：「導師，心沉澱下來以後，我看見自己小時候不肯原諒父母經常吵架的那份鬱悶，除了影響到我對感情跟婚姻沒自信，還產生恐懼，害怕自己會踏上跟父母一樣的路，更打從心底不信任自己能夠扭轉命運。」

我讚美她說：「非常好，很有智慧！如果再深入一點，妳又看到了什麼呢？」

雯玲說：「**我很厭惡自己，因為曾經被智宇傷害過，而覺得這個『我』沒有價值。**」

我問她說：「如果不厭惡自己的話，妳願意和智宇重新登記結婚嗎？」

雯玲毫不遲疑地說：「當然好啊！我們一定會過得比之前還要幸福！」

我點點頭肯定她說：「雯玲，快一年不見，妳的智慧迅速增長到令我刮目相看的地步了！**當妳開始不厭惡自己的時候會發現，接下來要走的路，老天爺早已經為妳安排好了。**」

雯玲說：「感謝導師的教導！可是，很多時候我還是又回到厭惡自己的狀態裡，不知道是為什麼呢？」

我說：「因為，躲回厭惡自己的感受中，能讓人獲得一份熟悉感和安全感，但這樣一來，反倒讓生命開始枯萎凋零。」

雯玲訝異問道：「所以，是因為我養成了厭惡自己的習慣，反而導致我喜歡上這種感覺嗎？」

我說：「正是如此！**處在長期累積的習慣裡，容易讓人感到安心，變得難以察覺這樣的狀態是否對自己有利**，而這也是為什麼人會害怕改變的原因。」

雯玲又問：「那要怎麼做，才能擺脱這個喜歡自己被虐待的惡夢呢？」

我答：「**當內心的恐懼厭惡升起時，保持『靜默觀照』，自然有力量讓妳重新做出抉擇。**」

雯玲雀躍地說：「這個方法我很喜歡！很願意練習！」

接下來，我轉頭看向在一旁靜默沉澱的智宇，問他說：「智宇，現在輪到你告訴我，靜下心來以後看到了什麼？」

只見智宇張開雙眼搓揉了幾下之後，說道：「我靜下來之後，看見自卑又無力的自己，沒勇氣面對工作上的人際問題，選擇壓抑逃避製造了大量的負向情緒，又因為不知該如何排解，只好把情緒轉嫁給太太，一切都是我『覺得自己很無能』的表現。」

我讚賞地說：「你們夫妻倆的智慧確實是天作之合相當匹配！智宇，那你認為自己無能又是什麼原因造成的呢？」

智宇答：「來自於小時候父親對我管教嚴厲要求甚高，不論我表現得再怎麼好，都無法獲得他的讚美跟支持。這應該也是一種自我厭惡吧?!自責自己為什麼無法滿足爸爸的期待，還有氣自己為什麼會這麼差。」

我繼續問說：「再看得深入一點，你能感受到父親和自己的愛嗎？」

智宇沉默一會兒之後，答道：「我能夠感受到父親的愛，只是他的表達方式讓我接連受傷，而這些傷是來自於我深愛父親卻得不到他對我的認同，導致我產生了自認為『被遺棄』的感受。」

我點了點頭說：「**是愛，讓我們從前世來到今生再次相聚，只是對『夾雜負向情緒』的愛的表達方式『解讀錯誤』，才衍生出誤解和傷痕**。從現在開始，對過去加以寬恕包容，面對未來則用愛的原貌表達，生命將自然洋溢幸福的滋味。」

雯玲感激地對我說：「感謝導師的指引！現在我知道該如何面對了，心中的大石也終於落下！」

智宇在一旁附和道：「對！我只能說今天真的是不虛此行，感謝導師！」

回去之後，雯玲和智宇迅速在一星期內完成結婚登記，展開另一階段的新生活。在兩人用心經營下，家庭氣氛和以往有了截然不同的轉變，連帶讓智宇在工作的時候心情愉悅，充滿信心與動力，一年後更順利獲得升遷並置產。好事接二連三發生，再次印證了「家和萬事興」這句至理名言。

「緣」滿小叮嚀

不壓抑不設防，為關係加入愛的糖蜜

家，是一朵花，關係則是糖蜜。要維持花蜜甜度不致走味的關鍵，是懂得「理解愛」和「付出愛」。願你能用智慧穿越重重情緒迷霧，見到內心深處始終存在、真誠流露的情感，你會發現，原來，我們的愛都被過度「保護自己」壓迫到無法喘息。不如從現在開始，拋開過往成見重新接納彼此，放下惱人的壓抑、偽裝與防備，毫不保留直接去愛吧！

給摯愛的你——

感謝生命的挫折與衝擊，讓我們看見心中的裂痕，才有機會停下腳步重新整裝，攜著愛再次出發。

親愛的，我不是只有愛你，更要完美彼此的生命

時間來到二〇一一年，雯玲特別攜禮來訪，感謝我多年來的指點。重拾婚姻關係後，雯玲的家庭氣氛融洽，先生工作如魚得水，小孩的品格及學習表現也十分優異。

雖然與先生破鏡重圓，夫唱婦隨過著幸福無憂的生活，但雯玲卻似乎感覺遇到某種瓶頸，不時在內心疑惑著：「和智宇復合多年來互動良好，但又好像缺了些什麼，難道，美滿婚姻就只是這樣而已嗎？」因而決定再次前來，希望我能為她解答心中的困惑。

雯玲雙手合十向我鞠躬說：「感謝導師這麼多年來的關照，讓家裡一切安好。智宇工作又再高升，小孩懂事貼心，飼養的狗狗也剛平安生下小狗，現在的我，過著幸福又充實的生活。」

我微笑對她說：「可謂是人畜平安萬事吉祥，值得道賀。」

雯玲面有難色地說：「可是……我……」

我問：「是覺得疲乏了，婚姻好像了無新意對嗎？」

雯玲急切地說：「對！就是這種瓶頸的感覺！請問導師，難道幸福的婚姻只有融洽跟愉快而已嗎？」

我反問她說：「妳的意思是要與眾不同，還是要有新鮮感呢？」

雯玲趕緊搖頭否認說：「不是！我沒有要換別的男人的意思，我很滿意目前的婚姻狀況，不過，卻莫名覺得有一點空空的。」

我說：「我能理解妳的感受，像是精心釀製一甕葡萄多年，沒釀成香醇的葡萄酒卻變成了葡萄醋般的微微心酸。」

雯玲驚呼說：「哇！好貼切的比喻！導師您何時要出書，我一定買回家仔細研讀。」

我笑說：「自從婚姻變得幸福後，妳的嘴也變甜了啊！」

雯玲面露笑容說：「是耶！我朋友也都這麼說。其實那只是反射性的想法，沒想太多就說出口了，跟以前的我比起來真的天差地遠，我很喜歡現在的自己。」

我乾脆地說：「好！既然妳提出了想把婚姻關係精釀成高檔葡萄酒的想法，也算是一種成長，我很樂意給妳建議。」

雯玲開心地說：「太好了！謝謝導師！我現在的問題應該是我很愛智宇，智宇也很愛我，但就是走不進彼此內心最深最深的那一層。」

我說：「你們已經做到相互尊重跟給予彼此支持肯定，再來是要**從對方與你互補的性格中，找到原本屬於自己但失落已久的一角，成為我們身上也俱備的一部分，進而更理解另一半，也得以完整自己**。一般人能達到妳現在『異中求同』的幸福已實屬不易，如果可以再進入到下一個稱之為『白金級愛情』階段的話，更是極為難得。」

雯玲有些疑惑說：「我想做到，可是聽不太懂導師的意思，具體一點來說的話，要怎麼去做呢？」

我說：「人與人之所以會共結連理，除了緣分牽引之外，另外一個因素則是相互吸引。產生吸引的原因，則來自於『兩個人個性不同卻又互相需要彼此』。所以，可以先**從生活中的互動與對待，去發現對方有哪些特質是吸引自己的，並將它們內化到自**

己的心智，然後讓對方也同步跟進，來了解你擁有哪些吸引他的特質，這麼一來，等於雙方都填補了自己原本缺陷不足的部分，讓心智變得更加健全完整，自此開始擁有雙倍的幸福。」

聽我說完，雯玲依舊有些茫然不解，繼續問道：「意境還是有一點高深耶，導師您方便再舉例說明得更清楚一些嗎？」

我說：「好比有兩幅拼圖，一幅在外一幅在內，而每幅都被分成兩份，智宇跟妳分別擁有外面的半幅拼圖，把兩人外在的拼圖結合在一起，剛好是完整的一幅，也就是你們現在關係美滿的狀態。接下來，如果能再從對方身上，拾起自己內心缺少的另一半拼圖，將內在的這幅拼圖也逐步拼湊齊全，等於內外的兩幅拼圖都完整了，而這兩幅拼圖將共同屬於你們，不但能各自擁有一幅，還可以互相交換欣賞。」

雯玲又問：「所以我跟他的外在分別擁有不一樣的半幅拼圖，然後結合起來是完整的一幅，內在也是如此對嗎？」

我答：「對！簡單來說，智宇對外的個性偏向謹慎、細膩和要求，而妳顯露於外的個性是爽朗、不拘小節跟隨和，兩人各有互補之處。將他吸引妳的那些特質納入自己的心智，成為妳的一部分，恰好能夠平衡原本的性格，進而讓彼此各自擁有獨立的剎車和油門。」

雯玲恍然大悟說：「對耶！以前容易衝動的我需要他的謹慎來幫我剎車，而被動的他則需要我這個積極的油門推他一把。所以先從看見對方有哪些特質是自己缺少的開始，然後從中學習跟內化，讓自己也擁有對方的特質，這樣做的話，我的個性變得圓滿，而他也會一樣是嗎？」

我說：「沒錯！例如他在家懶散不愛做家事，像小孩子般地依賴你，妳則勤勞持家，總像個母親細心照顧著他，呈現互相需要的型態。如果雙方都開始進入剛才所說的內化狀態，他會開始參與協助家務，妳更懂得適時適度依賴他，雙方缺陷的心智將變得平衡且完整，未來你們相處起來愈加輕鬆愉快，也更能理解接納彼此。」

雯玲說：「這麼說來，當我們將彼此的特質納入、內化並產生轉變之後，雙方的互動將更自然，沒有絲毫負擔，也更能同理對方且默契十足。」

我說：「對！這樣的話就進入了『心靈如膠似漆』的層次，兩人真正成為一體，心與心緊緊相依但又不過度黏膩，也更加珍惜彼此。」

雯玲喜出望外地說：「我總算找到了！原來，這是我最想要的！」

我說：「用心實踐，妳會體驗到何謂『天衣無縫的愛情』，還能創造出兩人各自的圓滿。」

雯玲露出燦爛的笑容，答謝我說：「好的，感謝導師！」

拜訪完我之後，隔年雯玲寫了一篇心得寄到本院的電子信箱，內容描述夫妻倆互動學習的過程：在相互將對方吸引自己的特質內化到心智，補足自身不足的部分後，讓雙方心靈更加契合，相處起來毫無負擔感且愈加珍愛疼惜彼此，深刻體會到白金級愛情階段的絕妙之處，心性也變得極為安定，對情感關係不再有任何困惑，取而代之的是一種難以言喻的安心感受。濟世助人近二十年以來，雯玲和智宇是向我請益的人當中少數極具慧根者，懂得聚焦修練心智又勇於面對問題，讓這對戀人得以締造今生難能可貴的圓滿。

「緣」滿小叮嚀

愛你的一切，等於完整了「我們」

愛情的圓滿，是透過良性互動來成就彼此，支持並肯定對方的優點，協助對方盡情發揮所長，對於缺點則用「愛」接納和包容。在圓滿關係的過程中，由自己內心開始調整轉變，同時看到自己的優點與價值；然後，從對方性格中發掘吸引你的特質，並同步檢視我們內心缺乏、尚待補足的部分，進而去學習俱備那些特質，將其納入自身心智中，這麼一來，不僅讓雙方性格皆能圓融完整，也拓展了心智深度，以更開放的心欣賞對方的一切。

愛上他的全部也等於全然接納了自己，猶如烘焙熟成好的咖啡豆遇到攝氏85度的最佳水溫，淬鍊出甘醇的極品咖啡一般。已完美「調和」的兩人，將繼續攜手相伴讓身心一同成長，成為琴瑟和鳴、心心相印的完美白金級眷侶。

給摯愛的你——

愛情，是成就彼此唯一路徑，接納對方的一切，不僅能讓所愛的人更輕鬆自在，也圓滿完整了自己的心。

第四章

今生，你要勇敢地愛上自己

你答應過，今生願意走向幸福自在，

更要用「愛」圓滿自己的人生。

生死流轉，與愛同行

人生百轉千迴，歷經載浮載沉的劇情，等待破曉來臨，當黎明曙光灑落，照亮生命，終將讓你遇見……最愛的自己。

愛，能圓滿一切。原本眼中所見僅有黑白兩色的平面景物，在愛裡瞬間恢復色彩且帶有深淺層次、線條清晰分明，有了景深遠近；所處空間洋溢著和諧溫馨，連帶空氣也跟著清新了起來，依隨吸氣沁入身體浸潤五臟、細胞及血管，供給全身所需，頓時舒緩了所有焦慮，吐氣時更一併帶走創傷、遺憾與愧疚，還於自然虛無。當沉睡許久的愛甦醒，我們終於意識到：「原來，緊繃的情緒是多麼虛幻，從來不存在於世間任何角落。」

透過有愛的視角感受萬事萬物，你將發現，眼前一切竟是如此井然有序、有條不紊地安排上演著：轟隆巨雷聲響過後，天空下起滂沱大雨，斗大雨滴滋潤了花草樹木和農作，讓乾渴大地恢復蓬勃生機。我們應當效法天地，讓情緒或挫折猶如陣雨，在短暫騷動之後迅速恢復天晴、放下糾結，因為，那不過是生命的片段點綴而已。

也許，你正興致勃勃地朝著人生既定計劃方向前進，努力追逐奔馳……如果可以，多麼希望在未來讓「愛」引領你校準原有的目標設定，重啟愛的新航向，朝目的地駛去。這麼一來，抵達終點時必然收穫滿載，而非被「欲望」牽制，迫使自己非要達到某些世俗認定的成就不可，誤以為：藉由突顯自我存在、贏得他人掌聲，才能填補心靈空虛。記得，無論何時何地，都別忘了帶著愛一同前行，我，是這般殷切盼望著……

愛，沒有時空限制，更不會因為生死而有任何改變。雖然以下內容可能讓你感到不可思議，卻是真切發生過的事實，值得用心探究，讓自己從另一種生命狀態體悟

「存在」的意義。

無常驟逝，一個迷惘靈魂的反思

結束忙碌的一天，時間來到清晨三點。我彙整完公務資料準備離開辦公室時，一道突如其來的金光自道院對面國小上空劃過，如流星般拖曳著光尾，並呈拋物線狀穿透採光罩至道院正殿前倏地停止，我定睛一看，是本院的中壇元帥降臨，想必有要事奏報。

太子放下掛在腰際間的陀螺後，對我說：「師父，待會您可否更換回府路線呢？」

我疑惑地問：「我每天返家的路徑都是如此，為何今天需要改變？」

只見太子嘟著小嘴說：「吾憂心您等會兒在半路上遇到陳情事件，會耽擱到您接下來的休息時間。」

我處之泰然地說：「現在是大半夜，世人多半早已就寢，況且未依規定預約無故前來者，想必是位無禮之人，我不會接見他的，安心吧！」

太子又嘟起小嘴詢問我說：「要不，吾陪您回府好嗎？」

我揮揮手說：「免了，這樣太招搖！倘若祢我同行，路上孤魂野鬼可能會誤以為我倆要協助超渡，反倒吸引他們紛紛前來，這樣我豈不是更不用休息了？」

結束與太子的對話後，我關上大門準備返家，步履輕鬆走在放眼望去空無一人的寬敞巷內。眼看快到竹林路口時，發現遠方有一位裝扮華麗、珠圍翠繞的婦人獨自站在對面人行道上，面無表情注視著我所在的位置。我警戒地放慢腳步，但對方仍沒有任何動靜，隨即意識到剛才太子對我的叮嚀，趕緊掉頭轉往反方向，怎知才走不到六步路的時間，背後竟已有人出聲喚道：「導師。」

聽見這背後傳來的聲音，令我心頭一驚頓時停下腳步，心想：「剛才我和她的距離至少有四十公尺，能在這麼短的時間內迅速來到身後，想必對方一定不是個『人』。」正當我準備轉身面對這名婦人的同時，平時貼身護衛我的兩名天將已先行上前用神戟阻擋，並大聲警告對方說：「何方孤魂，不得前進冒犯！」待我轉身之後見到她，才回想起是曾經來請益過的信眾。

我趕緊阻止天將說：「且慢，切勿傷及無辜。」

聽我這麼一說，天將迅速收起神戟，分別站在前方兩側。

婦人驚慌地解釋說：「導師，我是采芬，跟您相識有十多年了，最後一次是在前年中秋向您請益過。」

我點點頭說：「采芬，我記得妳。」

采芬驚恐地說：「導師，我好像死了！看到自己的身體躺在病床上動也不動，家人哭成一團，就算我拚命放聲喊叫，但沒人聽得到，也看不見我……後來，整個人被移到冰櫃裡放置，好可怕好可怕！請問導師，我是不是已經死了呢？」

我不忍心告訴她這個事實，沉默了一陣才回答說：「依照妳現在的靈魂狀態，確定已經脫離肉體，也是世人稱為的『死亡』，但還未滿七日，因此樣貌與生前無異。」

我的回答，令采芬難以接受陷入崩潰，激動地說：「所以，我真的死了?!怎麼會這樣，我不要！」

我安撫她說：「我能明白妳現在的無助和憂愁，既然已經成了事實，不如安然地接受吧。」

采芬依舊歇斯底里地說：「我不要！我怎麼就這樣死掉了?我不要！」

我繼續好言勸說：「妳並沒有真正死去，如果妳真的死了，又是誰正在和我對話呢？」

聽完我說的話，采芬強裝鎮定說服自己說：「對！我應該沒死，不然怎麼跟您說話呢?!」

我對她說：「靈魂不死，只是肉體無法繼續使用而已。話說回來，妳怎麼會想到來找我？」

采芬說：「您是我唯一的心靈依靠，加上沒人看得見我，情急之下第一個想法就是趕緊來找您。」

我半開玩笑反問她說：「妳又沒預約，先前還找過別的老師，我怎麼會是妳唯一的心靈依靠？」

采芬頓時愣住，而後趕緊解釋說：「導師，那是我妹妹帶我去亂問的，您大師有大量不要介意啊！現在的我沒辦法預約，連拿起電話都成問題更無法撥號，千萬別丟下我不管，我到底應該要怎麼辦？」

我說：「記得一件事，從現在起二十一天內，妳對人世間的記憶仍舊清晰，之後會逐漸模糊，福德和業障業力則隨後將至，在這之前儘快念誦佛號，仰仗佛菩薩願力，前往友善光明之處投生。」

采芬哀求說：「導師，拜託您，我還有很多事沒做，可以幫我還魂嗎？」

我搖頭否定她的請求，說：「不，妳的肉身在冰櫃裡硬如槁木，已不堪使用難以還魂。之前我曾建議過妳要預立遺囑，怎麼沒照我的話做呢？」

采芬辯解說：「我不知道意外來得這麼快，而且之前花很多錢請別的老師為我消災解厄，他們都說已經沒事了呀！」

見我沉默無言，采芬繼續接著說：「我辛苦了大半輩子到現在五十五歲，財產加總至少有兩億多元，孩子優秀，先生也很愛我，好不容易能夠準備開始享清福，怎知竟無福消受！更不捨的是我母親要白髮人送黑髮人，如果現在這一切即將結束的話，我就什麼都沒了！」

我說：「人的一生只是趟經歷和體驗之旅，重點在於：**活著的時候能否把握跟珍惜每一分秒**。離開人間唯一能帶走的只有業力，也就是『生前的心念和行為』，其餘的東西全都無法帶走。」

采芬焦急地說：「可是，我在銀行裡還有四千多萬現金，加上股票、黃金跟房產，全都來不及過戶處理，孩子也還未嫁娶啊！」

我苦勸她說：「妳已經往生了，即便趕赴銀行提款或辦理過戶，分行經理如果看得見妳，第一件事絕對是找法師驅邪，也不必去找代書，因為得到的結果是一樣的。人走了，在世的人會依法律程序將妳的財產妥善分配，兒孫自有兒孫福，我後續會協助他們，去完成屬於自己的人生。」

采芬固執地說：「不！我不甘心！」

我問她：「為什麼不甘心呢？」

采芬幽幽地說：「導師，我們認識這麼久了，您也知道我多年來一直壓抑自己去照顧、扶持整個家庭，和先生一同奮鬥創立事業，費心教育孩子直到他們從史丹佛大學畢業，多年辛苦下來的成果，卻在一瞬間全化為烏有，只換來一場空！我真的很不甘心啊！」

我說：「妳其實是後悔，並非不甘心。假設讓妳重新復活，妳又會如何對待自己往後的人生呢？」

采芬哭泣說道：「如果一切能夠重來，我會非常認真善待每件事物，更加珍惜所有的人情關係，樂於付出不求回報，力求無愧無憾，也不再汲汲營營追求外在目標或身分地位。欲望曾讓我迷失於膚淺世俗事務中，不斷與人比較競爭，金錢更只是人生這場遊戲的籌碼代幣，應該要無私分享給員工、家人和社會大眾。我現在終於明白，人一旦往生，連世上的一塊錢都帶不走。」

我試探性地說：「很多人都說，人在往生以後應該要將金錢留給下一代。」

采芬說：「導師，我現在只是一個與物質世界隔離的靈魂，從目前角度來看，也許該留給子女一些，但多數還是要用於回饋社會，畢竟這些錢是從大家口袋裡賺來的。」

我讚許地說：「很好！人一旦離開世間，視野也跟著轉變了。」

采芬懊惱地說：「導師，我很後悔在世時沒有對自己好一點，這種好不是指出國旅遊或追求其他物質享受，那是屬於滿足欲望的好，而是活著的時候可以懂得善待內心深層的自己，如果能夠做到的話，不知該有多美滿……」

我說：「剛往生的人皆有如此的反思現象。今生妳稱得上是富貴幸福，如今，試著去**接納過往一切好壞對錯，生命中的遭遇，無非是為了成就所有的圓滿，安住在此刻裡，愛，便會油然升起**。接下來妳會帶著這份力量往好的地方投生，下一世，記得要把美好傳遞給更多的人。」

采芬遵照我的話寧靜下來之後，身上開始散發出柔和淡雅的光芒，形體也變得更加耀眼，見到這般景象，令她感到非常意外，喜出望外地問我說：「導師，我身上怎麼會出現微妙的變化?!」

我微笑對她說：「帶著愛去接納，靈氣和能量自然得以舒展，釋放了原有的負面，現在的妳，像是剛清洗完的轎車一般煥然一新。」

采芬又問：「那為何您身邊這兩位貼身護法天將身泛莊嚴金光，但我卻沒有呢？」

我答：「現在的妳是陰陽未判的靈魂，每隔七天會依照在世功德產生變化。祂們屬於天界神祇，在世品格端正、不好大喜功，莊嚴金光是內斂持戒、勤修善行的德行顯現。」

見采芬點頭表示理解後，我繼續接著說：「放寬心趕緊回去吧！過幾天妳的家人會為妳做七。」

聽我這麼一說，采芬頓時又不安了起來，著急地說：「導師，您不能放著我不管啊！往生之後，我依稀憶起前世曾是您醫治過的病人。」

我點點頭說：「是啊，人在剛往生的時候，前世經歷將隨著時間逐一被喚醒。」

采芬慚愧地說：「可是我發現自己在前幾世往生的時候也和現在一樣，對在世時的所作所為感到後悔。」

我說：「**人唯有在『失去』後才懂得『反思』，將這些省悟沉澱累積後，轉為成就來世圓滿的動力**。帶著愛重新去接納，才能不再抱持遺憾，前往下一階段的旅程。」

緊接著我繼續對采芬說：「念在我們之間的緣分，妳也已經接納了過去，現在，我請天將帶妳前往晉見大願地藏王菩薩，免去在外遊蕩之苦。切記，**人，不論生死，皆是為了體現『愛』而活，並將愛由內而外散發出來**。」

采芬點點頭說：「好，感謝導師！另外想拜託您將今天發生的事轉達給我的家人們知道，並代我告訴他們：『這一生我很愛他們，一直深愛著，我會在現在的世界好好照顧自己，請他們放心。』」

我點頭示意說：「好，珍重！」

采芬滿懷感激地說：「感謝師恩！」

而後，采芬隨天將乘雲離去。隔日，我請助理致電到他們家中，轉達采芬所說的溫馨遺言，助理事後對我表示：他們全家得知這個消息之後泣不成聲，並再三表達誠摯感謝。

「緣」滿小叮嚀

愛，不會因你的凋零而消逝

紛擾雜亂、焦慮不安的生活，容易讓人迷失方向。世間事有如束縛心靈的層層枷鎖，不知該如何掙脫，只能繼續沉淪在無盡痛苦中。事實上，我們需要的是再一次讓心靈「重生」，從中淬鍊出百折不撓、臨危不懼的勇氣，藉由反覆重生，解開一道道接踵而來的挫折。我們要**戰勝的從來不是他人，而是勇於接受這個遍體鱗傷又脆弱的自己**。

輪迴，是一次次生死流轉。透過生老病死的生命型態，在青春歲月積極學習探索，中年付出自己成就他人，分享寶貴人生經驗傳承後進，年老時力求無愧於心、不自怨自艾，恰似生長於河畔的一朵蓮花，歷經含苞待放到盡情盛開，又在凋謝後締結飽滿蓮子的過程，每個時期都是一種美的展現。**花朵從不曾因枯萎而哀怨，只是從容自若地順應自然節律生滅**。生命何其之短，我們才得以帶著欣賞眼光，珍視眼前所見一景一物。今生的我們，毋須畏懼無常何時到來，只怕未曾把握眼前的每一個「此刻」。從現在開始，珍惜所擁有的一切並用心感受，**當今生完成後，你將發現：**

「愛」，從不因你的凋謝而消逝……

給摯愛的你——

親愛的，即便枯萎凋零，也無損你曾經勇於綻放的美麗。用愛接受生命所有的一切，便是永恆。

【谷神心法⑧】

由死見生，校準人生

現在的你，是否依然困在迷霧叢林裡，對未來感到茫然，不知該何去何從？不如，讓自己從「由死見生」的角度「重新校準」生命價值，為自己找到人生迷宮的出口。

心法練習

步驟1：仰躺在床上，房內環境保持昏暗，闔上雙眼放鬆身體，讓身體像海綿吸水般自然膨脹，鬆開全身筋絡肌肉，直到呼吸逐漸緩和下來。

步驟2：眼前的漆黑，猶如離開人間與世隔絕，無法有任何言語行為，斷開了所有關聯，包括人情關係、財產、學歷、物質……等，過往的擁有完全盡失，此刻所處的世界裡，無依無靠一片死寂，感受這一切的同時，允許自己待在這空盪、了無一物的狀態，安靜沉思著。

步驟3：慢慢地，我們懷念起生命中經歷的所有溫情，哪怕是父母的一句責罵，也重新為你帶來溫暖、燃起一份熱情，進而發現：原來，世間景物皆是如此珍貴！在此狀態繼續停留，隨後，試著喚醒內心深處的自己，反思：「**如果我能再重生一回，將會如何面對未來？**」藉此校準以往仰賴的生存價值和目標。

當身體無法再繼續被使用，後天意識才有機會跳脫出原有思維模式，如夢初醒重新獲得整合，察覺到以往的生活一直處於沉睡狀態，在欲望泳池裡流連忘返，載浮載沉。透過由死見生、由滅入生的反思，撞擊了原本的禁錮框架，學習用更高維度的視角看待人生。不斷練習，你將愈加深刻體會到，在有生有滅、悲歡離合的人生旅途中，唯有「愛」永不消逝，進而讓生命恢復最動人的溫度，再度展現至善之美。

陪伴「討厭的自己」，鬆開緊閉束縛

親愛的，辛苦你了！現在的你，是否日以繼夜拚命努力，忙著處理生活大小事，希望一切能如你所願；另一方面，卻又對變幻莫測的未來感到憂心忡忡，害怕一步錯步步錯？何不暫緩匆忙腳步，稍事停頓沉思一下：也許，為了不造成他人負擔，為了顧及公司、家庭、另一半或朋友的感受，你正委屈地把所有壓力往心裡藏，佯裝開朗強顏歡笑著……但是，再這麼繼續下去，很快就要到達臨界點，像充氣過量的氣球勢必將破裂、爆開。面對難以承受的負荷，倘若你願意「愛上自己」，必定能拾回以往的燦爛笑容，揮別沉重陰霾。

瑾寧是位單親媽媽，白天在上櫃公司擔任行銷工作，下班要趕赴安親班接孩子回家，從走進家門脫下鞋子那一刻起，便馬不停蹄地為孩子準備晚餐和明日早餐、檢查功課、簽聯絡簿、打理家務直到孩子就寢，當所有事情告一段落，通常已是深夜十二點多，才有屬於自己的休息與盥洗時間。

因為沒時間和朋友聚會，僅能透過臉書社交，加上與公司同事互動疏離無從交心，封閉的生活令她感到窒息，只能不斷鼓勵自己要努力向上，證明自我存在的價值。後來，好強的她不堪長期壓力累積因而引發憂鬱症，對她的生活無疑是雪上加霜，逼得她加倍要求自己更積極努力擺脫憂鬱纏身困擾，卻始終不見好轉，兩年後更因病況加劇，迫不得已向公司提出留職停薪的請求。

本以為暫時休息能稍加舒緩憂鬱症狀，但失去收入和工作的成就感，反倒讓她變得更焦慮痛苦，在精神科醫師建議下加重藥量，卻出現行為反應遲鈍的副作用。某天一早她送孩子上學後，返家途中心情突然極度低落，甚至興起想不開的念頭，因而在馬路上放聲大哭，引來路人注意報警處理。接獲警方聯繫的家人，不忍見她病情愈來愈嚴重，便引薦她來向我請益。

瑾寧一見到我，痛苦地說：「導師，我快發瘋了，對未來感到一片茫然不知所措。」

我鼓勵她說：「不，妳的未來才要開始，美好人生正在等待著妳。」

瑾寧無奈地說：「導師，您不食人間煙火，不了解我們這些身心煎熬的人有多痛苦。」

我說：「不，是妳在乎的事情太多了，像是把所有食材全丟進鍋裡大火快炒一樣，這麼一來，不耐熱的食材會先被炒到焦黑。」

瑾寧一時間無法理解我的意思，愣住幾秒之後開口問道：「我是一個快喪失思考能力的精神病患，能否請導師用簡單一點的比喻說明呢？」

我說：「把妳的心比喻為一塊蓬軟綿密的起司蛋糕，每當對內心加諸一份在乎，就像蛋糕被劇烈搖晃一次；多一點委屈，等於拿刀子對著蛋糕劃上一刀；多一股自責愧疚，則如同拿叉子用力擠壓蛋糕一般。每多一次內心衝突，就迫使蛋糕多受一次折磨，妳覺得這塊蛋糕最後會變成什麼樣子呢？」

瑾寧說：「導師，我有精神問題但還沒到癡呆的地步，這樣子做的話，起司蛋糕當然會支離破碎，成為一堆破爛的碎屑。」

我繼續問說：「面對這一堆四分五裂的碎屑，妳又該如何處理呢？」

瑾寧不假思索地說：「把它丟掉！」

我接著問：「如果丟不掉的話呢？」

瑾寧勉為其難地說：「硬著頭皮吃掉或把它擱在那裡不管，但有點礙眼就是了。」

我說：「對，所以保持起司蛋糕的完整度很重要，意思是**不論外界如何索討、逼迫或否定妳，皆能維持一顆安住的心**。」

瑾寧心灰意冷地說：「可是，我怎麼可能做得到？只要一被外界否定，就再加深我的自卑，遭受責罵更讓我感到痛苦，付出如果沒得到肯定的話，也保證不會有下一次；您說的境界我真的做不到，好難！」

我反問她說：「妳不是說妳還沒有到癡呆的地步嗎？」

瑾寧感嘆說：「導師，我們世俗人除了要在工作上相互競爭又得兼顧家庭，還要孝順父母、維繫友誼等人際關係，搞得愈活愈累，真不知道自己活著到底在做什麼。」

我說：「**以往妳把所謂的勝敗輸贏全押寶在外界的眼光跟認同上，一心一意想成為理想中完美的人，現在的妳，應該要把焦點轉回內心，認真端詳自己和陪伴自己才是。**」

瑾寧有些疑惑地問道：「導師，您的意思是去陪伴和突破自己，別老是想著要去超越內心以外的人事物嗎？」

我讚賞地說：「妳不只沒有癡呆，還很有智慧，非常好！」

瑾寧若有所思地說：「所以，我會這樣是因為一直過度在乎外界眼光，讓『心累了』，又把所有情緒、壓力全都扔到心裡大鍋亂炒，把內心的起司蛋糕搞得分崩離析不成樣子，愈來愈討厭自己這副模樣，然後就變成精神官能症的患者。」

我直白地說：「我確定妳沒有病，而且還裝病，讓自己有藉口可以輕鬆下來。」

聽我這麼一說，瑾寧因為震驚而沉默了一會兒，然後坦誠說道：「沒想到您連這都知道……說實話，我真的是在自我放逐，也因為覺得日子過得太沒意義，所以很討厭自己。不過，您剛說的話似乎很有效，在我觀察到現在的自己處於自虐狀態後，很奇妙地，心裡突然輕鬆多了。」

我說：「因為，當妳能**警覺到自己正在對自己心靈施暴的這個『此刻』，緊繃的心智便會瞬間鬆手**。」

瑾寧問：「為什麼會這樣呢？」

我答：「**人的『後天意識』**〔註2〕**善於占有、分辨、歸類、比較，喜好製造情緒、欲望、預設立場、維護身體，更愛天馬行空胡思亂想和要求自己、樹立敵人，幾乎能想得到的事情它都做，一旦發現正『被人觀察』著，它便暫時靜止不動，心智自然因此感到輕鬆**。但後天意識會拚命創造出許多想法，來干擾和防止我們進行觀察，並企圖阻擋我們跨越這個層次。」

〔註2〕後天意識：以谷神心法解釋，「後天意識」又稱「應該識」，為「自我向外衍生出分別、對立的強者」。簡單來說，即是我們常說的「心」，也可以說是帶有主觀、較低頻的自己。當下的思慮、感受、情緒、欲望、記憶等，皆屬後天意識的產物，讓我們長時間被侷限囚禁在充滿「對立」的幻境概念與習慣裡，建構出一道高牆，藉此保護並隔離內、外在環境，卻因此無法統一整合高低頻的自己。

瑾寧又問：「為什麼後天意識要防止我們超越它呢？」

我答：「後天意識是種低頻率、低層次的自己，最擅長製造『習慣性』讓我們停止改變，因為不變不會有危機，改變了卻可能造成危險；不敢突破，為的是讓自己保持在安全狀態。」

瑾寧再問：「那麼，突破這層障礙以後又會怎麼樣呢？」

我說：「會變得很輕鬆，對過往種種坦然以對不再故步自封，更勇於探索人生、創造未來。」

瑾寧問：「導師，可以教我超越後天意識的方法嗎？」

我直截了當地說：「不行！」

瑾寧詫異地問：「為什麼？我沒有癡呆啊！」

我答：「如果我教妳的時候是用腦袋去理解的話，妳根本不會懂。」

瑾寧不服氣地說：「可是您剛才說的我都聽得懂，也出乎意料做到了呀！」

我說：「不行！帶著過往人生經驗跟用腦袋解讀我剛剛說的觀念，真的很難做到。」

瑾寧趕忙說：「好，那我不用個人主觀去解讀。」

我問：「那妳用什麼去聽？」

瑾寧回答：「用一顆單純的心去感受。」

我點點頭說：「很好！」

瑾寧說：「那請您開始說吧，我準備好了！」

我笑笑地說：「我已經說完了！」

瑾寧著急地說：「可是您一句話都沒講耶！」

我繼續若無其事地說：「講完了！」

瑾寧陷入沉思，過了一陣子才開口對我說：「我明白了！導師的意思是一切只能自行體會無法言傳。您要我的心保持在剛才說過的安住狀態，以維持起司蛋糕的完整度。**太過在乎外界回饋就容易被牽制，反倒想去改變別人的眼光，本末倒置為與自己無關、無能為力的事情擔憂，讓心靈飽受外界評價左右擺盪，失去自信和勇氣。**」

我點了點頭，瑾寧接著說：「處理好心理層面，才有力量面對一切，自然不感到疲累，反倒能不斷地超越昨天的自己，放棄過往的得失、比較，逐步從低頻的後天意識中脱穎而出。」

我讚賞地說：「很好！」

瑾寧繼續說：「會疲累是因為心累，來自於後天意識的衝突導致。」

我問她說：「那憂鬱症又是怎麼一回事呢？」

瑾寧答：「套用您的說法，**憂鬱症其實是後天意識編撰出來的一連串悲傷故事，引誘我們陷入憂傷情節裡無法自拔，還故作堅強安慰自己要節哀。**」

我讚美她說：「這個比喻非常恰當。」

瑾寧豁然開朗地說：「我的腦袋好像被開了一個洞，裝了好多東西，收穫很多。」

我提醒她說：「妳這樣說就不對了！」

瑾寧警覺地說：「喔！應該不能說腦袋收穫多，是要去做而不是用說的。」

我說：「妳讓我感到非常欣慰。」

瑾寧面露笑容，如釋重負地說：「導師，感謝您，**我不再委屈自己了！而且我不**

會強迫自己做到『不委屈的不委屈』。」

我讚賞地說：「妳的改變令我刮目相看，已經懂得何謂『不委屈的不委屈』。」

瑾寧說：「一般人聽完後，一定是強迫自己不要再委屈了，結果又深陷到另一種高壓狀態裡。」

我點點頭問道：「是的，那該怎麼去做呢？」

瑾寧答：「我很愛自己，真誠坦然地接受現在的自己，對於外界的評斷給予尊重，接下來，只需要突破超越過往的自己，即能成就今生。」

我滿意地說：「非常好，妳已經是我的學生了！」

請益後幾個月，瑾寧的憂鬱症狀迅速好轉，在醫師建議下緩慢減藥而後停藥。並非是我治癒了她，而是**一個已經知道「內心的自己」才是最應該要去愛的人，痛苦和哀怨便難以反客為主，恢復原本的奴僕身分，任憑我們使喚差遣**。如今，她的人生及事業一帆風順，不時來電或寫訊息向我問安。實際做到和用腦袋聽到的結果大不同，不枉老天苦心贈予的挫折，來到瑾寧身上轉而成為解除困頓人生、圓滿自己的萬靈藥，而她也是少數沒正式拜師卻是我門下學生的人。

「緣」滿小叮嚀

真正愛自己，是讓內心很「輕鬆」

享用美食、環遊世界、培養興趣、盡情購物及取得富裕、成就、發展、名車，或是擁有可愛的小孩、體貼的另一半，上述事物如果發生在我們的生命中，第一個感受是好棒，第二個則是好快樂，嘴角也因此不自覺地上揚。

臉書動態上最常見的，也是朋友之間相互分享這些「享受」或是「擁有」，看了讓人倍感羨慕，嚮往自己也能獲得。

看似光鮮亮麗的事物背後，其實潛藏著一份「輕鬆」的感受，不斷催促我們去體驗、享受，讓人愛不釋手進而展開行動積極追求。有些人開始四處尋覓美食、出國渡假、郊遊踏青，以從中獲得一份輕鬆與滿足感；有些人則在事業上絞盡腦汁，設法博得賞識攀爬上位，或努力賺錢添購房產並砸大錢裝潢居家空間，再邀請三五好友前來做客，展示自己的生活品味。男人頻繁更換名車代步，彰顯不凡身價地位；女人勤於打理儀容，希望成為旁人眼中風姿綽約的頭號美女。過程中，的確帶來不少歡愉及優越感，讓人有高人一等、與眾不同的感覺，也不可否認上述情況都是某一種愛自己的方式，但這些享受帶來的快樂，似乎只能在內心短暫停留，過一陣子便消逝殆盡，甚至引發出想要更多享受的渴望。

既然，「覺得享受與否」來自於「心智」的感受，我們不如先從「讓心裡很輕鬆」開始著手。也許，你覺得心的定義很空泛虛幻無從下手，當你這麼想的同時，其實也是心智作出的理解判斷，鬆開這一層想法之後，便是輕鬆的「開始」。接著，再談到不去成為「理想中的人」而是回歸自己天賦時，也許你不禁又要疑惑：「不知道自己的天賦究竟是什麼？」那是因為，「想要變成別人」的想法過於根深柢固，導致我們早已遺忘與生俱來的能力。長久以來，我們太習慣分割自己，逼迫自己一定要有所作為，才讓人感到一切都這麼地「不輕鬆」。

透過以下的簡單練習，能幫助你找回輕鬆：首先，接受自己原有的模樣，不再企圖改變什麼，就是一種美好。接下來，帶著一份「輕鬆」和「愛」作為處事時的動機或目標。從接受自己、陪伴自己的態度開始，輕鬆感受所有來到生命裡的人事物。**當心門敞開了，「愛」便油然而生，你將會是最獨一無二、耀眼奪目的存在**。

給摯愛的你——

當我們完成並圓滿了自己，便毋須再等待誰來給予，因為你已完整無缺，並將一直深愛著自己。

用愛全然接納自己與他人，圓滿生命

你答應過，今生願意走向幸福自在，更要用「愛」圓滿自己的人生。

從前面的章節中，我們已清楚了解到：「討厭自己」是引發內心衝突、產生情緒及破壞人情關係的癥結病灶所在，唯有「愛上自己」，生命才能走向圓滿。然而，在愛上自己之前，必須要先從「認識自己」開始，而後去接納、尊重、陪伴、包容不同面向的自己，讓緊繃沉重的心恢復輕鬆開闊，最終得以遇見「最值得被愛」的自己。以下歸納出認識和愛上自己過程中可能遭遇的幾種狀況，期盼能為你解除疑惑、找到力量、跳脫對立進而打開心門，尋回最純粹動人、恆久不變的「愛」。

「認識自己」和「接受他人」其實是同一種能力。之所以覺得認識自己很難，就跟我們無法接納新奇的事物、新的觀點、別人的異議或對我們的批判，道理相同。因為每個人的後天意識皆是「儲物症」的高手，善於歸類、收納，習慣把過去的不滿、傷痕、厭惡、惡行等感受及記憶全數囤積在心裡，並且非常擔憂跟抗拒有人來清理打掃，更別提還要去一一仔細檢視。好比小時候的我們都曾經做錯事，被發現以後面對母親的質問時，第一個反應通常是心虛回答：「我沒有。」或「不知道誰做的。」

所以，一旦當我們開始著手認識自己，除了要面對堆積如山的陳年垃圾，還得親眼見到愧疚難堪的過往或痛苦逃避的自己。第一時間多半令人難以接受，也不願意坦然承認，乾脆選擇視而不見、全數封箱宅配退還給賣家，殊不知買賣雙方都是同一人，也就是我們自己，而這些貨品，也早已超過可供退換的滿意鑑賞期。

其實，**先學習接納外界的人事物，再回到認識自己，是化繁為簡的方法**。接受他人的同時，等於降低了自我主觀，用廣域視角及開放的心看待所有人事物，讓緊繃的心智輕鬆下來，這樣一來，要認識自己、愛上自己將愈加容易。

谷神心法：「接納他人與我的不同，尊重多元世界，即有機會深入了解自己。」

Q——為什麼負向情緒會一直滋擾我？

出現生氣、抱怨、自私、計較、批判、失落、寂寞、絕望、尷尬、愧疚、自卑、無力、憤怒、羞恥……等反應，皆為**負向情緒（撫慰強心劑）的反射作用，主要目的是為了「支撐心靈」不被突如其來的壓力擊垮**。但長期或過度處於負向情緒狀態，容易造成身體過載不堪負荷，導致自律神經失調、肌肉痠痛、頸肩僵硬、失眠等問題，嚴重甚至會誘發腫瘤，進一步破壞身心平衡。

谷神心法：「一切負面思想乃至於引發情緒，皆不離靈識的誠摯叮嚀，企圖喚醒人們接

納心智，在撞擊過後融合出更有愛的心境。」

人性的矛盾之處，在於總是習慣用相同方法處理事情，卻又期望出現不同的結果，如同利用發洩情緒的方式來抒解、緩和心情，卻又寄望他人不要介意計較一般。其實，人的心靈深處嚮往平靜，當想法產生衝突、矛盾或困惑時，這股不安的力量便會下沉，對靈識的安寧造成衝擊並引發連動，讓心智產生抵抗情緒。說穿了，這一切無非是要我們學習去接納內心的自己及外界的對象，並**在那種「酸澀」的狀態中，見到曾被傷害過、逃避過的自己。當心安住了，過往種種的情緒與傷痕也將隨之消融。**

Q——心情低落、畏懼時，如何能愛上自己？

沒有人能夠完全消除低落或畏懼的感受，因為這正是後天意識的特性。然而，多數人選擇放任、逃逸或與之對抗、痛苦奮戰，愈是想要消滅去除，這股力量反倒「向下扎根」深入細微意識，使其變得更加強大，引來更多不安與衝突。

谷神心法：「世界組成基礎乃一陰一陽合而為太極，在人的看法中成了對立、分離、矛盾，在神的眼裡卻是和諧、自然、平靜。」

所以，從人性的角度來看，凡事皆充斥存在著「矛盾」，比如剛添購一輛新車，隨即擔憂之後愛車可能被撞、被刮傷或是被偷；當了母親，開始憂心孩子吃不飽、著涼感冒和跟不上學習進度；投入一段戀情，卻又害怕對方可能移情別戀、分手或是最終沒結果……所有讓人執著的美好事物背後，必然伴隨著一份憂心，是再自然也不過的現象。

當我們愈想要「遠離」或「排擠」低落、畏懼、寂寞、絕望、尷尬、愧疚、自卑、無力、憤怒、抱怨、羞恥……等感受的同時，這股負向力量反而將如影隨形跟隨我們且緊咬不放。面對低潮這隻愛咬人的狂犬攻擊時，只需要「靜默觀照」這股力量，不一會兒它便自然散去。過了一段時間，如果又再度出現低潮感，繼續讓心保持在靜默觀照狀態，反覆練習幾次後，內心空間將因此擴大並讓靈識充滿能量，負向力量將逐漸失去附著力，無法再干擾、影響你。

愛自己懶人包——深陷低潮、恐懼時，不逃避放棄並貼心陪伴自己走這段路，雖然負面低氣壓依然存在，但只要保持平常心，不緊張驚慌或手足無措，安靜感受此刻所有的一切，不疾不徐地持續著，原本盤據在心中的不愉快感將自然淡化瓦解。

谷神心法：「水的清澈，無關乎是否存有雜質，而是懂得陪伴雜質，待其順勢沉澱。」

Q——為什麼要愛自己？不能只愛別人嗎？

人之所以會覺得痛苦，來自於寄望能「留住」些什麼，把想要的人或物品緊緊栓在

身邊「擁有」，從中獲得一份「安全感」。然而，生命中任何能夠擁有的東西，到頭來終究得放手還給世間。

愛上他人，是把自己託付給對方，眼睜睜地看著他如何來愛我們，當中存有動機和期待，希望自己的需求能被滿足。這麼一來，反倒讓雙方都有種被制約的束縛感，無法讓對方及自己真正成長茁壯，像是斷了樹根無法獲得營養供給的大樹，遲早將因此枯萎，抑或某一天必須面臨對方的「離開」，盡失曾擁有的一切。除非，你願意敞開心門，透過更遼闊的高維度視野重新看待愛情及生命中的各種人情關係，將有不一樣的感受。

「關係」是一面鏡子，**修練人情關係是學習和自己相處，對待他人的模式等同於對待自己的方式；接納他人，其實是接受了焦躁不安的自己**。當我們體悟到這個層面後，便能全然自在地與自己相處，心是「自由」的、「無礙」的，同時還給伴侶一份「輕鬆」。即使某一天不得不接受他的離去，我們滿溢著愛的心性所給予的，亦會是最真摯的「祝福」。

谷神心法：「一旦敞開心門，真愛隨即湧現，迎來全然的自由、接納，無所畏懼。」

轉過身，看見幸福遇見愛

給摯愛的你——

在愛裡，我無法給你任何侷限，因為，放眼望去，無一不是愛。

你的存在是獨一無二、無可取代，毋須再另去他處尋覓。生命中所有人事物的到來，必然是冥冥中的注定，待你順勢而為、揚起風帆，航向美好未來。挫折的來臨必定是寶貴的體驗，在親身經歷解開枷鎖的同時，你已證明了自己的能力與價值。如今的你，正逐步走在愛上自己的道路上，不再四處張望渴求認同或暗自壓抑煎熬，讓過往不愉快的種種就此煙消雲散，化作一陣舒心清香，而後，流露一抹釋然的微笑，心領神會微微頷首。

緣分，造化彼此今生相遇，一份熟悉，牽動了相識，兩廂情願下，步入相惜，自此允諾相隨相依，成就雙方的生命。愛，是所有關係的源頭，永無止盡供給養分灌溉每一畝心田，靜待光陰歲月洗禮，幼嫩秧苗日漸茁壯，長出結實纍纍的飽滿稻穗。「愛」加上「溫度」，即是生命的總和，兩者加總後將讓人充滿活力，倍增豐沛情感與溫暖。

你，若願意轉過身、敞開心門，將會發現：「愛正在原地等候著」。此刻，終能體會到自己與世間萬物密不可分，雖然外表看來是各自獨立的不同個體，但在心靈深處卻是相互需要、緊密相連。當你我之間對立的幻象消逝，即能見到最真實的「愛」，遠離既有的想法感受、相信與否等主觀概念，進入恆常狀態，牢牢地在每一個人的心底連繫、牽動著。

從今以後，丟棄無意義的索討、爭執、比較，**回到遼闊無邊、自由自在的愛裡，深信「接納自己」是一趟無價之旅**，讓勇敢的足跡跨越所有情緒，溫柔陪伴內心的不安焦慮。當心寧靜而安住了，崩離的你也將獲得癒合，體驗到完整無瑕的圓滿。「愛」，能讓人恢復璀璨奪目的光彩，更將永恆不滅地照耀著你的生命。

今生，在愛中全然接納，賦予自己一雙自由的羽翼，乘著風恣意翺翔天際。我的愛，也將形影不離時刻伴隨，為你所擁有的圓滿喝采。

——紫嚴

2AF713

緣來，我愛你：遇見值得被愛的自己

作　　者　紫嚴導師
責任編輯　溫淑閔
主　　編　溫淑閔
文字協力　陳宜、張佩玉
插圖繪製　鄭小茜
攝　　影　林昭宏攝影工作室
設　　計　小美事設計侍物

行銷企劃　辛政遠、楊惠潔
總 編 輯　姚蜀芸
副 社 長　黃錫鉉

總 經 理　吳濱伶
發 行 人　何飛鵬
出　　版　創意市集

發　　行　城邦文化事業股份有限公司
歡迎光臨城邦讀書花園 網址：www.cite.com.tw

香港發行所　城邦（香港）出版集團有限公司
香港灣仔駱克道 193 號東超商業中心 1 樓
電話：（852） 25086231
傳真：（852） 25789337
E-mail：hkcite@biznetvigator.com

馬新發行所　城邦（馬新）出版集團
Cite (M) Sdn Bhd
41, Jalan Radin Anum, Bandar Baru Sri Petaling,
57000 Kuala Lumpur, Malaysia.
電話：(603) 90578822
傳真：(603) 90576622
E-mail：cite@cite.com.my

客戶服務中心　10483 台北市中山區民生東路二段 141 號 B1
服務電話　(02) 2500-7718~9　服務時間　週一至週五 9：30　18：00
24 小時傳真專線　(02) 2500-1990~3　E-mail　service@readingclub.com.tw

※ 詢問書籍問題前，請註明您所購買的書名及書號，以及在哪一頁有問題，以便我們能加快處理速度為您服務。※ 我們的回答範圍，恕僅限書籍本身問題及內容撰寫不清楚的地方，關於軟體、硬體本身的問題及衍生的操作狀況，請向原廠商洽詢處理。※ 廠商合作、作者投稿、讀者意見回饋，請至：FB 粉絲團 · http://www.facebook.com/InnoFair　E-mail 信箱 · ifbook@hmg.com.tw

印　　刷　凱林彩印股份有限公司
定　　價　320 元
出版日期　2022 年（民 111）10月　初版 38刷
Printed in Taiwan

國家圖書館出版品預行編目（CIP）資料

緣來，我愛你：遇見值得被愛的自己 / 紫嚴導師著 . -- 初版 . -- 臺北市：創意市集出版：城邦文化發行，民 106.12
304 面；14.8X21 公分 ISBN 978-986-95631-0-9(平裝) 1. 人生哲學 2. 通俗作品 191.9　106018582